Sonja Sorbara

Beten mit Verheißungen

Im Vertrauen aussprechen, was Gott sagt

Sonja Sorbara

BETEN MIT Verheißungen

Im Vertrauen aussprechen, was Gott sagt

SCM
R.Brockhaus

SCM

Stiftung Christliche Medien

SCM R.Brockhaus ist ein Imprint der SCM Verlagsgruppe,
die zur Stiftung Christliche Medien gehört, einer gemeinnützigen Stiftung,
die sich für die Förderung und Verbreitung christlicher Bücher,
Zeitschriften, Filme und Musik einsetzt.

MIX
Papier | Fördert gute Waldnutzung
FSC® C084279
FSC www.fsc.org

Max-Eyth-Str. 41, 71088 Holzgerlingen
Internet: www.scm-brockhaus.de; E-Mail: info@scm-brockhaus.de

Umschlaggestaltung: Astrid Shemilt, www.astridshemilt.com;
Moodboard: Sybille Koschera
Titelbild: shutterstock: © Maksym Fesenko
Satz: typoscript GmbH, Walddorfhäslach
Illustrationen und Bildauswahl: Erik Pabst, www.erikpabst.de
Fotografien: Unsplash.com
Autorenfoto: Vanessa Käser

Druck und Bindung: Print Consult GmbH
Gedruckt in Tschechien
Artikelnummer: 227.000.063
ISBN: 978-3-417-00063-4

INHALT

Mein Geist, der auf dir ruht,
und meine Worte,
die ich in deinen Mund gelegt habe,
sollen von deinem Mund nicht weichen
noch von dem Mund deiner
Kinder und Kindeskinder,
spricht der Herr,
von nun an bis in Ewigkeit.

Jesaja 59,21

RAUF AUFS SURFBRETT

Ich schreibe dieses Buch als eine beständige Erinnerung für mich selbst, dass es Gott ist, der uns trägt und hilft und der mit uns ist: mit mir, mit meiner Familie, meiner Stadt, mit der ganzen Welt. Mit seinen Zusagen hat er uns Versprechen gegeben, die *er* ernst meint.

Und ich schreibe es als eine Einladung an dich, eigene Erlebnisse zu sammeln. Erfahrungen, die davon zeugen, dass Gottes Zusagen wie eine Welle der Versorgung in deinen Alltag hineinkommen: in dein Herz, deine Emotionen, die Gedankenwelt, deine Beziehungen und in deine Umgebung. Eine Welle, die wir gemeinsam surfen lernen.

Wenn das Buch ein Ratgeber wäre, dann würden wir unser Vertrauen in Methoden setzen. Es geht im Reich Gottes aber nicht um Methoden, sondern um die Vertrauenswürdigkeit unseres großen Gottes. Unser Vertrauen baut voll und ganz auf ihn und die Versprechen, die er gegeben hat.

In meinem Leben habe ich immer wieder auf diese Zusagen gebaut. Ich war als junge Erwachsene von vielem gefangen: Ich war nikotinsüchtig, heroinsüchtig, ess-brech-süchtig, depressiv. In unserer Familie gibt es Diagnosen, die herausfordern. Ich bin an meinen Idealvorstellungen schon viele Male gescheitert und zerbrochen. Wenn ich etwas gelernt habe, ist es dies: Ich lebe vollkommen aus Gnade. Und: Alles braucht seine Zeit.

Das Beten mit den Verheißungen Gottes, die wir in seinem Wort finden, ist keine Instantlösung. Unsere Umstände und Gefühle lassen sich manchmal nicht schönreden oder gar wegbeten. Und darum geht es auch Gott nicht. Er gibt uns Zeit und Raum, dass sich

Glauben entfalten kann. Und er gibt uns seinen Sohn: den Weg zu ihm.

Ich schreibe dieses Buch auch aus der Perspektive einer Zerbrochenen, die die Kraft des Wortes Gottes erfahren hat. Ja, dieses Wort hat die Kraft, alles zu verändern. Wirklich alles. »Wenn euch nun der Sohn frei macht, so seid ihr wirklich frei«, steht in Johannes 8,36, und ich hielt mich schon oft an diesen Worten fest wie eine Ertrinkende am rettenden Holzbalken. Manchmal ist Surfen einfach nur das.

Worte Gottes haben mich durch Jahre von Schwierigkeiten getragen. Menschlicher Trost (»Das wird schon gut!«) ist zwar nett, gibt aber keinen wirklichen Halt. Ich bitte Gott um sein Wort für Situationen und Zeiten, und dann versuche ich, mich daran festzuhalten. Und egal, ob ich gleich eine Veränderung sehe oder nicht: Das Wort von Gott ist mir inzwischen ein wirklicher Trost und wahrer Halt. Glaubwürdig. Felsenfest.

Ich liebe das Wort Gottes, weil ich seine Kraft in meinem Leben schon so oft erfahren habe. Und genau das wünsche ich mir auch für dich: dass du diese Kraft erfahren und erleben darfst und dass du weißt, dass Gott für dich alles ist und alles tut.

Verlass das Land der Entmutigung und der Selbstversorgung und tritt ein in die Kraft der Verheißungen Gottes! In Jesus ist sein Reich nahe gekommen – verfügbar für dich und mich. In die Spannung zwischen Schon-da und Noch-nicht treten wir mit dem Gebet, zu dem Gott uns einlädt:

Dein Reich komme! Dein Wille geschehe, wie im Himmel, so auf Erden!

Amen. So sei es.

WIE DU DIESES BUCH NUTZEN KANNST

BETEN AUS DER »ES IST VOLLBRACHT«-REALITÄT

Ich freue mich sehr darüber, dass du dieses Buch liest! Du würdest es nicht lesen, wenn du nicht den Wunsch hättest, deinem Gebetsleben Neues hinzuzufügen, Anregung dafür zu suchen oder Bestehendes zu vertiefen. Dieses Buch will dir eine Sprache geben für die Segnungen, die Gott für dich und dein Leben vorbereitet hat, damit du seine Verheißungen – seine Gedanken, Pläne – in dein eigenes Leben, in die unsichtbare Welt und in deine Umgebung hineinsprechen kannst.

Verheißungen sind Versprechen, die Gott Menschen macht. Unser Bezugspunkt dafür ist die Bibel. Es ist wichtig, nicht einfach etwas Schönes selbst zu erfinden und Gott unsere eigenen Wünsche vorzulegen.

Das Beten von Verheißungen oder auch Proklamieren (von lat. *proclamare*; laut ausrufen, schreien, verkünden; eigentlich: rufen für) ist eine Form des Betens, bei der wir, statt zu bitten, die Verheißungen und den Willen Gottes über unser eigenes Herz, über Situationen, anderen Menschen oder auch Orten aussprechen.

Wir bitten dann beispielsweise nicht um Frieden, sondern wir sprechen diesen Frieden in eine Situation oder in ein Herz hinein. Das tun wir, weil Gott uns in seinem Wort, der Bibel, seinen Frieden mehrfach verspricht, zum Beispiel in Johannes 14,27 oder im 2. Thessalonicher 3,16. Ich kann entweder sagen: »Vater, bitte schenke mir heute deinen Frieden!«, oder ich kann sagen: »Danke, Vater, dass du mir heute deinen Frieden schenkst, so wie du es uns zugesagt hast: ›Meinen Frieden gebe ich euch!‹«

Der Unterschied zum Bitten ist klein und doch groß. Unsere Worte sind geringfügig anders. Weil wir Gottes eigene Worte in Situationen hineinsprechen, wirkt auch seine Kraft durch unsere Worte. Es ist nicht unsere eigene, sondern die Kraft Gottes, die durch unsere Gebete freigesetzt wird. Indem wir uns mit den Gedanken und Herzensanliegen Gottes eins machen, verbinden wir uns mit seinem Herzen.

Im Neuen Testament finden wir ungefähr 250 Verheißungen in über 750 Bibelstellen. Uns wird die Errettung von Sünde, die Barmherzigkeit Gottes, Frieden und Freiheit verheißen, Trost und ewiges Leben, um nur einen kleinen Teil davon zu nennen. Max Lucado schreibt:

> » Gottes Verheißungen sind ein Erste-Hilfe-Kasten voller Heilmittel. Genauso wie der Arzt uns Medikamente für unseren Körper verschreibt, hat Gott uns Verheißungen für unser Herz gegeben. ... Für jedes Problem im Leben hat Gott uns eine Zusage gegeben. Machen Sie sich mit den Verheißungen Gottes so vertraut, dass Sie sich selbst ein Rezept ausstellen können: Heute habe ich Angst. Es wird Zeit, dass ich eine Flasche »Richter 6,12« öffne: »Der Herr steht dir bei.« Ich nehme für mich in Anspruch, dass Gott an meiner Seite ist. (Oder:) Alles scheint außer Kontrolle geraten zu sein. Es ist Zeit für eine Dosis »Römer 8,28«: »Wer Gott liebt, dem dient alles, was geschieht, zum Guten.«[1]

Oft erlebe ich, wie ein Gebet mit Bitten beginnt und durch mein Aussprechen zum Danken wird: weil in meinem Geist während des

Betens eine Gewissheit wächst, dass Gott alles schon getan hat, worum ich ihn bitte. Es ist eine Veränderung meiner Herzenshaltung von »Ich bin nicht sicher, ob Gott wirklich hilft, aber ich kann es ja mal versuchen« hin zu »Wie bin ich dankbar, dass Gott seinen Frieden immer schenkt, wenn ich ihn brauche, weil er es versprochen hat und weil er seine Versprechen hält!«.

Viele der Verheißungen enthalten die Formulierung »in Christus«. Und das ist absolut zentral: Denn nur weil Jesus Christus alles vollbracht hat, können wir kühn und mutig die Zusagen Gottes für uns nehmen. Jesus ist die Tür und der Weg zum Vater. Durch ihn haben wir freien Zutritt zum Thron Gottes. Durch seine Erlösung wird uns ein neues Leben geschenkt – ein Leben in ihm, *in Christus*. Jede Verheißung, die *in Christus* wahr ist, gilt damit auch für uns.

Es ist eines der Geheimnisse Gottes, dass in Christus alle Verheißungen Gottes, ja alle seine Worte bereits in Erfüllung gegangen sind. Und dass wir gleichzeitig noch auf die Vollendung in der sichtbaren Welt, auf das Wiederkommen von Jesus, warten. Das kann eine Spannung auslösen: die Spannung zwischen dem »Schon-jetzt« und dem »Noch-nicht«, zwischen dem, was im Geist, in Gottes unsichtbarer Realität, bereits wahr und geschehen ist, und dem, wo wir in unserer sichtbaren Welt noch nicht in der vollkommenen Erfüllung leben. Dieses Leben mit dem Unsichtbaren ist zentral für eine Gebetshaltung in der »Es ist vollbracht«-Realität: Ich spreche und danke in der Gewissheit, dass Gott bereits versprochen hat, worum ich ihn bitte. Und ich lebe gleichzeitig mitten im Mangel oder im Warten auf die Erfüllung. Darauf gehe ich im Kapitel 5 ausführlicher ein.

VERHEISSUNGEN BETEN GANZ PRAKTISCH

Das Beten von Verheißungen ist ein wunderbares, kraftvolles Mittel, das in zweierlei Richtungen seine Wirkung entfaltet:

1. Es wirkt sehr persönlich nach innen und kann uns direkt in die »In Christus«-Realität hineinführen. Das eigene Herz findet so Vergewisserung, Ausrichtung und die Kraft durch das lebendige Wort Gottes, durch den Immanuel, Gott mit uns.
2. Es wirkt nach außen, indem wir sprechen, was Gottes Wort sagt. Das hat die Kraft, um den Willen Gottes, seine Gedanken und seine Pläne auf dieser Erde wirksam zu machen und »vom Himmel auf die Erde« zu bringen. Manchmal finden sie auch nur in Handlungen, im Schweigen oder mit Tränen ihren Ausdruck. Es gibt viele Arten, um Gottes Gedanken und seine Kraft in unsere Welt hineinzutragen.

Aktivierung

Am Ende jedes Kapitels findest du Bibelverse, die zum Thema passen, Fragen und Impulse zum Weiterdenken und um mit Gott ins Gespräch zu kommen. Es gibt auch vorformulierte Gebete zum Nachsprechen: mit dem Blick nach innen und mit einem Schritt nach außen. Sie sind als Startpunkte gedacht und geben ein Beispiel, wie du Texte aus der Bibel zu deinem eigenen Gebet machen kannst. Natürlich hast du immer die Freiheit, selbst Gebete zum Thema des Kapitels zu formulieren. Das ist sogar ausdrücklich gewünscht! Jedes Kapitel enthält zusätzlich Raum für die Worte, die Gott dir persönlich für deine Anliegen zuspricht.

Mitschreiben

Ich selbst habe sehr gute Erfahrungen damit gemacht, eigene Gedanken beim Beten schriftlich festzuhalten. Meine Empfehlung: Nutze den Platz in diesem Buch und lege dir, wenn du magst, gern noch ein Gebetsjournal dazu an. Wenn du deine Einträge mit Datum anlegst, kannst du sie später besser nachvollziehen und sehen, was du wann gebetet hast und wie dein Gebet beantwortet wurde! So entsteht mit der Zeit eine persönliche Gebetsschatzkiste, die du immer wieder zur Hand nehmen kannst.

Immer das Gleiche beten?

Wir müssen Proklamationen nicht jedes Mal neu erfinden. Wir dürfen Worte, die Gott uns zuspricht, immer und immer wieder in Situationen hineinsprechen. So bahnen sich die Worte den Weg von der unsichtbaren in die sichtbare Realität. Meine persönliche Erfahrung ist, dass Gebete für Zeiträume bestimmt sind. Manche Gebete begleiten mich ein Leben lang. Und bei anderen komme ich irgendwann zum Punkt, an dem ich spüre, dass sie für den Moment (oder für immer) abgeschlossen sind.

Zeiten erkennen

Zu beurteilen, was zu welcher Zeit wichtig ist und was nicht, ist eine prophetische Gabe, die die Söhne Issaschars im Alten Testament besaßen (1. Chronik 12,33). Von ihnen heißt es, dass sie »erkannten und wussten, was Israel zu jeder Zeit zu tun hatte«. Mit anderen Worten, die Pläne Gottes und die Zeiträume, in denen sie passieren sollten, waren ihnen anvertraut. So waren sie maßgeblich daran beteiligt, dass David – lange nachdem er gesalbt wurde – als König über Israel eingesetzt wurde. Sie wussten also nicht nur, was wann zu tun war, sondern sie taten es auch und setzten so den Willen Gottes auf der Erde durch. Ich glaube, dass diese Gabe immer wichtiger wird, damit wir uns nicht verzetteln. Gerade im Gebet. Was sollen wir wann beten? Gott lässt es uns gerne wissen, wenn wir ihn danach fragen.

»Lasst euer Gebet nicht abbrechen«, erinnert Paulus die Gemeinde in Thessaloniki. Das Gebet in uns, das innere und das gesprochene Gebet, kommt aus der Beziehung und Nähe mit Gott. Im Licht dieser Beziehung wird unsere Perspektive derjenigen Gottes immer ähnlicher. Wir sehen seine Möglichkeiten statt unserer Begrenzung.

Sei eingeladen, Gottes Verheißungen zu deinen eigenen Gebeten zu machen. Das gilt für die Themen in diesem Buch und auch für jedes andere.

Immer mehr halte ich mit einer gewissen Sturheit daran fest, dass Gott nichts unmöglich ist. Und vor allem bin ich je länger desto, weniger bereit, mein Leben von Entmutigung prägen zu lassen. Denn die Ermutigung Gottes lautet: »Vergiss alle deine Möglichkeiten, und empfange meine. Lass dich überraschen! Bitte, und dir wird gegeben!«

Ich wünsche dir von Herzen, dass auch dein Vertrauen in den Vater-Gott unerschütterlich wird.

12 GRÜNDE, WORTE GOTTES AUSZUSPRECHEN[2]

1

Die Kraft der Zunge schafft Leben. »Tod und Leben stehen in der Zunge Gewalt« (Sprüche 18,21). Die zerstörerische Macht von Worten haben wir vermutlich schon selbst erfahren. Und auch, wie Worte Leben schaffen können: ermutigen, aufbauen, bestärken, aktivieren, inspirieren.

2

Unsere Worte haben Auswirkungen. »Was einmal ausgesprochen ist, fällt auf dich zurück – sei es nun gut oder schlecht« (Sprüche 18,10; HFA). Mit meinen Worten bahne ich meinen Weg, sie werden mein Leben begrenzen oder segnen.[3] Durch die Worte, die wir immer und immer wieder aussprechen, werden unsere tief verankerten Überzeugungen sichtbar.[4]

3

Gottes Wort hat Schöpfungskraft. »Und Gott sprach: Es werde Licht! Und es ward Licht« (1. Mose 1,3). Warum hat sich Gott eigentlich die Mühe gemacht, zuerst zu sagen, was er tut, bevor er es tat? Warum hat er Worte gemacht? Gottes ausgesprochenes Wort hat Kraft. Er ruft »das Nichtseiende … wie wenn es da wäre« (Römer 4,17). Indem wir Bibelworte beten, rufen wir die Schöpfungskraft Gottes wieder und wieder in Existenz.

4

Gottes Wort hat Heilungskraft. »Er sprach nur ein Wort, und sie wurden gesund« (Psalm 107,20; HFA). Auch Jesus hielt sich an dieses Prinzip: »Mit seinem Wort trieb er die bösen Geister aus und heilte alle Kranken« (Matthäus 8,16; GNB). Er sagte: »Sei gesund!«, und es geschah so.

5

Gottes Wort ermutigt und stärkt. »Gott, der Herr, gibt mir die richtigen Worte, damit ich erschöpfte Menschen trösten und ihnen neuen Mut zusprechen kann« (Jesaja 50,4; HFA). Die Betonung liegt auf den »richtigen« Worten, das heißt: die Worte, die Gott uns für diesen Zeitpunkt, diese Situation zuspricht.

6

Unsere Worte gehen uns voran. »Denkt an die Schiffe, die doch ziemlich groß sind und von heftigen Winden hin und her getrieben werden. Sie werden schließlich auch von sehr kleinen Rudern gelenkt, und zwar dorthin, wo der Steuermann es sich vornimmt. So ist die Zunge ein sehr kleines Körperteil, und kann doch sehr viel bewirken!« (Jakobus 3,4-5; DBU).

7

Worte Gottes erzeugen Vertrauen. »So entsteht also das Vertrauen aus dem Hören und das Hören aus der Nachricht vom Messias« (Römer 10,17; DBU). Wir müssen die gute Nachricht hören, und das setzt voraus, dass sie ausgesprochen wird.

8

Worte schaffen Realitäten. Sie holen hervor, was Gott in uns hineingelegt hat. Zu Gideon, der zu dem Zeitpunkt nicht für seinen Mut bekannt war, sagte der Engel: »Der Herr steht dir bei, du starker Kämpfer!« (Richter 6,12; HFA). Nicht menschliche Beurteilungen, sondern die Sichtweise Gottes sprach der Engel aus, und es geschah so.

9

Es zeigt Gott meine Liebe. »Sprich nur ein Wort, so wird mein Knecht gesund« (Matthäus 8,8), sagt ein syrischer Hauptmann zu Jesus. Jesus freut sich über ein so großes Vertrauen in seine Worte. Denn das berührt Gottes Herz.

10

Gute Worte bewirken gute Tage. »Wer das Leben lieben und gute Tage sehen will, der soll aufhören, Böses zu reden, und seine Lippen davon abhalten, Hinterhältiges zu sagen« (1. Petrus 3,10; DBU), zitiert Petrus das Alte Testament.

11

Verkündete Wahrheit bringt Freiheit. »Der Geist des Herrn ist auf mir, weil der Herr mich gesalbt hat. Er hat mich gesandt, den Elenden gute Botschaft zu bringen, die zerbrochenen Herzen zu verbinden, zu verkündigen den Gefangenen die Freiheit, den Gebundenen, dass sie frei und ledig sein sollen« (Jesaja 61,1). Das ist die Botschaft Jesu, und sie wird zu unserer, weil dieser Jesus in uns lebt. Wir sind gesandt, zu predigen, zu verkündigen, freizusetzen.

12

Gottes Wort ist wirksam gegen den Feind. Jesus nimmt Gottes Wort in den Mund, um sich gegen den Teufel zu wehren (Matthäus 4), als der ihn, hungrig und geschwächt, auf die Probe stellte. Seine Identität wurde hinterfragt, doch durch das ausgesprochene Wort seines Vaters ist er siegreich.

1

Gott hat verheißen, dass er dich führt

DEN 23. PSALM WÖRTLICH NEHMEN

Nimm dir Zeit, diesen Psalm zu lesen und auf dich wirken zu lassen.

Der Herr ist mein Hirte, mir wird nichts mangeln.
Er weidet mich auf einer grünen Aue
und führet mich zum frischen Wasser.
Er erquicket meine Seele.
Er führet mich auf rechter Straße um seines Namens willen.

Und ob ich schon wanderte im finstern Tal,
fürchte ich kein Unglück; denn du bist bei mir,
dein Stecken und Stab trösten mich.

Du bereitest vor mir einen Tisch im Angesicht meiner Feinde.
Du salbest mein Haupt mit Öl und schenkest mir voll ein.
Gutes und Barmherzigkeit werden mir folgen
mein Leben lang,
und ich werde bleiben im Hause des Herrn immerdar.
Psalm 23

Der Herr ist mein Hirte,
nichts wird mir fehlen.
Er weidet mich auf saftigen Wiesen
und führt mich zu frischen Quellen.
Er gibt mir neue Kraft.
Er leitet mich auf sicheren Wegen
und macht seinem Namen damit alle Ehre.

Auch wenn es durch dunkle Täler geht,
fürchte ich kein Unglück,
denn du, Herr, bist bei mir.
Dein Hirtenstab gibt mir Schutz und Trost.

Du lädst mich ein
und deckst mir den Tisch
vor den Augen meiner Feinde.
Du begrüßt mich wie ein Hausherr seinen Gast
und füllst meinen Becher bis zum Rand.
Deine Güte und Liebe begleiten mich
Tag für Tag;
in deinem Haus darf ich bleiben
mein Leben lang.
Psalm 23; DBU

Gott führt und leitet mich. Diese Gewissheit gibt mir Ruhe.

Ich würde an dieser Stelle gerne sagen, dass ich auch in stürmischen Zeiten in der Sicherheit ruhen kann, dass Gott mein Hirte ist. Aber es wird für meine Seele oft recht schnell problematisch, wenn ich von einem Moment auf den nächsten herausgefordert bin, mich *wirklich* auf ihn zu verlassen. Also immer dann, wenn es wirklich voll und ganz und einzig und allein auf das Eingreifen und Leiten Gottes ankommt. Und vor allem dann, wenn mein Herz voll mit drinhängt.

Vor Kurzem eröffnete uns eines unserer Kinder, dass es eine Entscheidung getroffen hatte. Eine, die es weder mit uns noch mit anderen besprochen hatte. Und sein Entschluss schien felsenfest zu sein. Ich bekam Panik: Was, wenn es die falsche Entscheidung ist? Was, wenn das Kind so richtig auf die Schnauze fällt? Mist baut? Was, wenn es sich seine Zukunft verbaut, unwiederbringlich? Was, wenn es verletzt wird? Was, wenn diese Entscheidung unsere ganze Familie aus dem Gleichgewicht bringt? Was, wenn ... In dieser Nacht schlief ich schlecht. Hatte ich doch jahrelang für dieses Kind gebetet und gefleht. Und nun schien durch diese eine Entscheidung seine Zukunft anders geprägt und alles plötzlich zu wackeln oder zumindest höchst unsicher zu werden.

»Tief durchatmen!«, sagte ich zu mir. »Besinne dich auf das, was du anderen rätst. Was du lehrst, schreibst und was du im Innersten weißt. Nämlich, dass dieser Gott auch in dieser Situation *da ist*. Und dass er auch an diesem Tag und in dieser Situation nichts, aber auch gar nichts von seiner Größe eingebüßt hat.«

Jetzt saß ich da und merkte: Was sich in der Theorie, in Seminaren und in Büchern so leichtfüßig predigt oder hinschreibt, erhält ein ganz anderes Gewicht, wenn mein Herz betroffen ist und ich richtig Angst kriege. Doch genau an diesem Punkt, an dem mein Herz zu zerreißen droht, bietet Jesus mir an: »Ich bin dein Hirte. Ich führe dich zum frischen Wasser. Und in dem finsteren Tal, da wo du jetzt bist, gibt dir mein Hirtenstab Führung, Zuversicht, Schutz und Trost. Glaubst du das?«

Ich sitze also nachts wach im Bett, meine Gedanken kreisen um mein Kind und diese Situation, und Gott bietet mir Führung an. Glaube ich ihm – jetzt? Es scheint wahnwitzig zu sein. Denn alles in mir setzt dem entgegen: »Aber ich muss doch ... ich sollte doch ...

dafür sorgen, dass mein Kind das Richtige tut. Grenzen setzen. Es lehren. Mit ihm sprechen! In Beziehung bleiben! Klarheit vermitteln! Ich muss jetzt erziehen und eine Strategie haben!« Ja, das muss oder darf ich alles. Strategien sind wichtig. In herausfordernden Situationen gibt es kluge und unkluge Wege, etwas zu tun, gute und unpassende Reaktionen. Aber, und das spüre ich selbst: Dorthin komme ich nicht ohne die Zuversicht in Gott.

Die Frage ist: Reicht mir dieses Versprechen aus? Auch für diese Situation, die mir so Angst macht? Nehme ich es? Erlaube ich Gott, zu mir zu sprechen über seine Sicht der Dinge, über seine Realität, über seine Möglichkeiten?

Also fange ich an, die Worte aus dem Psalm 23 langsam und laut in die Nacht zu sprechen. *Du, Herr, bist mein Hirte …* Ich höre meiner eigenen Stimme zu, die Gottes Wahrheit spricht. *Weil das so ist, wird mir nichts fehlen. Du gibst mir neue Kraft und führst mich und meine Familie auf sicheren Wegen …* Jetzt verändert sich langsam etwas in mir. Schon in dem Moment, in dem ich anfange, gibt es einen Cut in meinem Gedankenkarussell. Und jetzt merke ich, dass Gott ja auch meine Familie sicher führen wird. Wenn er das sagt, wird er es auch tun. *Stimmt, da gibt es ja noch Gott!* Der Heilige Geist bringt in mir eine Erinnerung hoch, wie ich Gottes Führung schon früher einmal in einer Familiensache erlebt habe. In meine Gefühle, mein Herz und meine Gedanken kommt langsam Ruhe. *Auch im finsteren Tal fürchte ich kein Unheil, weil du ja da bist!*

Wir finden Weide für Körper, Seele und auch im Geist nur bei ihm. Durch seine Führung. Wir kommen nicht in die ersehnte Ruhe, nicht in den Frieden, nicht ins Empfangen, wenn wir bei unserer momentanen Realität bleiben. Dann haben wir schlaflose Nächte, rudern wie wild und versuchen, mit menschlichen Mitteln das Steuer rumzureißen. Gott verbietet uns das nicht. Aber er hat ein besseres Angebot: seine Versorgung und seinen Frieden. Die Gewissheit, dass er uns auch in dieser Situation führt, dass er da ist. Das bringt wieder Ruhe in den Sturm. Aus dieser Ruhe heraus können wir dann tun, was immer wir für richtig halten, was gut und weise ist. Weil wir alles auf eine Karte setzen: auf Gott. Auf den guten Hirten, der uns leiten und führen wird. Weil er es gesagt hat.

Aktivierung

BLICK NACH INNEN

Wovor fürchte ich mich? Warum? Was könnte hinter der Furcht stecken?

Welche Zusage aus Psalm 23 – welchen Satz, welches Wort – kann ich gerade jetzt zu mir sprechen lassen? Bin ich bereit, diese Wahrheit anzunehmen?

Proklamation

SCHRITT NACH AUSSEN

Hast du vor Augen, was in dir gerade Unruhe oder Angst auslöst? Dann beginne damit, aus den Verheißungen Gottes heraus Wahrheit zu sprechen. Diese Worte darfst du deinem eigenen Herzen zusprechen:

Mein Herz,
du bist unruhig und hast Angst. Du bist verzweifelt und siehst keinen Ausweg. Empfange zuerst die Gewissheit: Dein Gott ist da. Er ist bei dir. Du bist nicht allein.
Lass dich trösten mit der Wahrheit deines himmlischen Vaters. Er hat Trost und Zuversicht und Frieden für dich! Nimm an, was er dir verspricht!

Mein Herz, der Herr ist dein Hirte. Er ist dein liebevoller, gütiger Hirte, der alles weiß. Dir wird es an nichts fehlen. An nichts! Er bringt dich auf eine saftige Wiese und führt dich zum frischen Wasser, das sagt sein Wort. Hier kommst du zur Ruhe.

Und auch in dieser finstersten Schlucht, in der du gerade steckst, in Angst und in Not, musst du nicht bedrückt sein. Hab keine Angst, dass dir Unglück passiert, denn dein Hirte ist ja bei dir. Ja, er ist da, sein Stecken und Stab trösten dich. Auch wenn du gerade nicht siehst, wo es langgeht – halte dich fest an diesem Hirtenstab von Jesus, an jedem Wort der Wahrheit. Halte so lange aus, bis sein Trost bei dir angekommen ist. Es ist okay, wenn es ein bisschen dauert. Du bist nicht allein hier, auch wenn es sich noch nicht gleich so anfühlt!

Direkt vor meinen Gegnern deckt mir mein himmlischer Vater den Tisch. Er salbt mein Haupt mit Öl und schenkt mir ein, sodass mein Becher randvoll ist. Es stimmt: Gerade ist Angst da, aber Gott hat versprochen, wenn ich auf seine Führung zähle, übernimmt er Verantwortung, sodass mir nichts fehlt.

Nur Gutes und Barmherzigkeit werden mir mein Leben lang folgen, und ich werde im Haus Gottes wohnen mein ganzes Leben lang! Ja, deine Güte und Liebe begleiten mich Tag für Tag. Wow! Das ist so stark!

Mein Herz, du darfst diese Wahrheit aufsaugen. Gott ist dein Hirte, und er ist immer bei dir. Er versorgt dich mit allem, was du brauchst – ja noch mit mehr, als du benötigst. Er lässt nicht nach, bis dein Becher überfließt! Ja, so gut ist dein Gott! Seine Liebe, seine Fürsorge und seine Freundlichkeit umgeben dich. Du darfst alle deine Ängste und Befürchtungen und Nöte in seine guten Hände legen.

Gebet

Antworte deinem Gott mit den Worten des Psalms:

Mein lieber Vater, mein guter Hirte. Danke für deine Zusagen! Ja, du bist mein Hirte. Ja, du sorgst für mich. Und nein, es wird mir an nichts fehlen! Ich glaube das und danke dir dafür!
Ja, auch in meinen größten Ängsten und Unsicherheiten bist du da. Du führst mich mit deinem wundervollen Stecken und Stab. Danke dafür! Ich nehme deine Führung an und ich liebe es, von dir geführt zu werden! Danke, lieber Vater, für den reich gedeckten Tisch direkt vor meinen Gegnern. Ja, sie sollen sehen und erkennen, wie gütig und großzügig du bist! Meinen Becher füllst du bis zum Rand!
Ja, deine Güte und Barmherzigkeit folgen mir für immer! Und ich liebe es, in deiner Gegenwart zu sein. Ich verlasse diesen Ort nicht, sondern nehme Heimat in dir. Danke, lieber Vater!
Mein Herz kommt jetzt zur Ruhe in dir.
Ich nehme deine Wahrheit an. Und ich weigere mich, weiterhin zu glauben, dass du zu weit weg oder zu ohnmächtig bist, um mir zu helfen. Nein, du bist der gute Hirte. Du lässt dein Leben für deine Schafe. Nichts ist dir zu groß, und nichts ist dir zu klein. Das glaube ich. Auf dich vertraue ich.

Antworte deinem Gott mit einem Lied. Singe oder spiele es laut mit!

Goodness of God

Proklamation

Sprich nun diese Zusagen Gottes aus Psalm 23 auch über jemand anderem aus. Vielleicht über der Person, um die du dich sorgst? Du kannst Gott auch fragen, für wen du diese Worte heute aussprechen sollst.

.... (Name der Person), der Herr ist dein Hirte. Dir wird es an nichts fehlen! Ich segne dich, ... mit der Gewissheit, dass der gute Hirte dich leitet und führt. Er führt dich in die Ruhe, und er erfrischt dich. Er versorgt dich mit allem, was du heute brauchst. Auch in der Dunkelheit und in der Angst ist er bei dir und tröstet dich.

........................., Gottes Freundlichkeit und Güte werden dich nicht verlassen, sondern dir für immer folgen! Deine Heimat ist die Gegenwart Gottes. Sein Haus ist offen für dich, zu jeder Zeit, an jedem Ort. Sei gesegnet mit der Liebe und Fürsorge des guten, treuen Hirten.

2

Gott verheißt uns freien Zugang zu seiner Gegenwart

MIT JESUS BETEN ODER ZU IHM?

Er tritt für uns ein, daher dürfen wir voller Zuversicht
und ohne Angst vor Gottes Thron kommen.
Gott wird uns seine Barmherzigkeit und Gnade zuwenden,
wenn wir seine Hilfe brauchen.
Hebräer 4,16; HFA

In Jesus Christus haben wir ungehinderten und beständigen Zugang zur Gegenwart Gottes. Im Alten Testament durften sich nur die Priester Gott nähern, und auch das nur nach gebührender Vorbereitung und Reinigung. Wir Kinder Gottes werden »königliche Priesterschaft« genannt und haben durch Jesus das Privileg, Gott ohne Einschränkung nahezukommen.

Die Gegenwart Gottes ist kostbar und besonders. Aber auch ein wenig erschreckend. Ich werde nie vergessen, wie ich das erste Mal diese Atmosphäre aus Heiligkeit und Nähe, aus völliger Unverborgenheit und zugleich Geborgenheit bei Gott, meinem Vater, erlebt habe.

An einer christlichen Konferenz, während der Lobpreiszeit, wurde Gebet angeboten. Rund um mich herum fielen Menschen zu Boden, und das löste eher Verunsicherung und Irritation bei mir aus. Trotzdem spürte ich, dass Gott im Raum war. Als dann für mich gebetet wurde, in ganz schlichten Worten, konnte ich mich nicht mehr auf den Beinen halten, so krass spürbar war das Gewicht der Gegenwart Gottes. Ich lag da und wusste mich einfach in der Umarmung von Gott, an einem Ort, an dem theologische Fragen und Unsicherheiten keinen Raum mehr hatten, sondern nur noch Staunen, Anbetung und Liebe …

Wenn wir Verheißungen beten und sie uns so zu eigen machen, verbinden wir uns mit dem Willen Gottes. Das verändert unser inneres Bild davon, wie wir beten. Anstatt vor seinem Thron zu knien und *zu* Gott zu beten, stehen wir im Geist *neben* Gott, bei seinem Thron, und beten Seite an Seite mit Gott. Bei dieser Gebetshaltung beten wir *mit* ihm, nicht *zu* ihm. Gott sieht uns als seine Mitbewohner oder Hausgenossen und seine eigenen Kinder.

Unser Gott und König, dieser gute Vater, will uns an seiner Sicht teilhaben lassen. Mit seiner Perspektive sieht alles gleich ganz anders aus: sowohl unsere Probleme als auch die Probleme der Welt. Plötzlich beginnen wir, Gottes unerschöpfliche und exzellente Möglichkeiten zu erahnen. Er ist unser Helfer, unser Retter und Versorger – unabhängig davon, wie hoffnungslos eine Situation erscheinen mag. Er ist an unserer Seite. Und zusätzlich ist er der allmächtige König des Universums. Das lässt uns ganz anders beten. Mit einer solchen Perspektive beginnen unsere Schwierigkeiten klein zu werden. Wenn wir sie neben dem gewaltigen, großen Gott anschauen, dann wissen wir mit einer tiefen Sicherheit, dass Gott nichts, wirklich gar nichts, unmöglich ist.

Ich erlebe das immer als sehr eindrücklich, wenn ich zusammen mit zwei anderen Frauen für unsere Kinder und ihre Schulhäuser bete. Anfangs erzählen wir uns von unseren Nöten; von den Schwierigkeiten und den Schmerzen unserer Kinder. Alles Gesagte bringen wir dann umgehend zum Thron Gottes, und je länger wir dort sind, umso mehr richtet sich unser Geist in uns auf und beginnt die Realität Gottes in die Probleme hineinzusprechen. Am Schluss schauen wir uns jeweils froh und getröstet an und sagen: »Alles versorgt und aufgeräumt und am richtigen Ort: bei Gott.«

Aktivierung

BLICK NACH INNEN

Gibt es eine schwierige Situation, die dir in den Sinn kommt? Eine Not, eine Ungerechtigkeit, einen Konflikt? Komm zuallererst zum Thron Gottes und mit ihm ins Gespräch!

- Komm in Gottes Gegenwart und sei einfach ein wenig dort. Ruhe dich in seiner Gegenwart aus.
- Erzähle ihm, was dich gerade bewegt.
- Hör hin. Vielleicht kommt dir ein Lied in den Sinn, ein Zitat, ein Gedanke. Oder du siehst ein inneres Bild oder hast ein Gefühl.
- Was sagt dir Gott über diese Situation? Wie ist seine Sicht?
- Schreibe auf und hör nochmals hin. Bleib eine Zeit lang im Dialog mit Gott.
- Wie lautet seine Lösung für dich, für diesen Moment? Und rechne damit, dass er dir etwas ganz anderes vorschlägt, als du dir bisher gedacht hast.

EIN STÜCK HIMMLISCHE HEIMATKUNDE

Male nach Offenbarung 4 und Hesekiel 1,22-28 ein Bild vom Thron Gottes. Womit umgibt sich Gott? Was passiert dort? Welche Farben, Formen, Worte, Klänge, Personen befinden sich dort? Verinnerliche dir diesen Ort in der unsichtbaren Realität als den Ort, an den du durch Jesus Christus hineinversetzt wurdest! Was erlebst du? Was überrascht dich?

Bist du bereit, das Herz Gottes über deiner aktuellen Herausforderung auszusprechen?

SCHRITT NACH AUSSEN

Gebet

Danke, lieber Vater, dass ich
durch Jesus Christus, der für mich eintritt,
voller Zuversicht und ohne Angst vor deinen Thron kommen darf. Du wirst mir deine Barmherzigkeit und Gnade zuwenden, wenn ich deine Hilfe brauche (Hebräer 4,16)!
Ja, du schenkst mir deine beständige Gegenwart! Du sprichst zu mir, und ich höre deine Stimme (Johannes 10,27)! Danke von Herzen dafür!
Du weißt um .... und um .... (ergänze deine Sorgen-Themen). Du weißt alle Dinge. Du zählst die Sterne und nennst sie alle mit Namen (Psalm 147,4). Nichts ist dir verborgen. Du siehst jede Not und jeden Schmerz.
Danke für das, was du mir zugesagt hast: ....
(Sprich aus, welche Zusagen aus dem Wort du von Gott für die Situation empfangen hast.)
Das und noch andere Wahrheiten spreche ich nun voller Zuversicht in diese Situation hinein: ....
Herr, du bist der verlässliche Fels auch in dieser Situation. Du bist eine sichere Burg und der Retter. Das gilt auch für .... Bei dir ist Zuflucht und Schutz (Psalm 18,3)!
Ich danke dir und ich ehre dich! Ich nehme deine Verheißungen für diese Situation an und gebe dir alle Ehre. Amen.

3

Gott verspricht: »Ich bin dein Vater«

HEIMAT UND IDENTITÄT IM VATERHAUS KENNENLERNEN

Weil ihr nun Kinder seid, hat Gott den Geist seines Sohnes gesandt in unsre Herzen, der da ruft: Abba, lieber Vater! So bist du nun nicht mehr Knecht, sondern Kind; wenn aber Kind, dann auch Erbe durch Gott.

Galater 4,6-7

Als ich ein Kind war, war mein Papa für mich der Größte. Ich gab mein ganzes Taschengeld aus, um ihm mit Crèmeschnitten und Minzbonbons eine Freude zu machen. Die Sonntagsspaziergänge, die ich nicht mochte, wurden umgekehrt durch seine Rätsel versüßt.

Es war immer das gleiche Schema: »Ich hab was!«, fing mein Papa an. Ich musste dann durch Fragen, die ausschließlich mit Ja oder Nein beantwortet wurden, herausfinden, woran er dachte. Irgendwann hatte ich es raus, sodass ich als Erstes fragte: »Kann man es anfassen?« Denn mein Vater war sich nicht zu schade, trotz meines geringen Alters nach abstrakten Dingen zu fragen, die einen

Philosophen ins Grübeln gebracht hätten. Über einige Fragen diskutieren wir noch heute. Jedenfalls wuchs ich mit der festen Gewissheit auf: »Mein Vater weiß alles! Mein Vater ist stark! Mein Vater ist da!« Und: »Mein Vater liebt mich!«

Ich bin für meinen Vater unendlich dankbar. Ich weiß, es ist keine Selbstverständlichkeit, mit der Gewissheit aufzuwachsen: »Wo mein Vater ist, gehöre ich auch hin, und das ist ein guter Ort!« Doch auch mit dem besten Vater der Welt bleibt Vaterlosigkeit ein großes Thema. Denn auch der beste Vater der Welt hat nicht nur Stärken. Väter, die Fehler machen, die verletzen oder gar nicht da sind – sie alle hinterlassen Wunden. Und diese Wunden prägen uns. Manche von uns ein Leben lang.

Ich kann mir vorstellen, dass das berühmteste Gebet der Bibel deswegen mit den Worten beginnt: »Unser *Vater* im Himmel.« Zuallererst, vor allen anderen Anliegen, werden die Verhältnisse geklärt: Gott ist unser Vater, und wir sind seine Kinder. Keine Zwischentöne. Keine Zweifel, keine Selbstanklage, keine Verunsicherung, keine Schuld kann das ändern. Vaterschaft. Kindschaft. Es gibt ein Zuhause, einen Platz am Tisch, für einen jeden von uns: »Seht, welch eine Liebe uns der Vater gegeben hat, dass wir Kinder Gottes heißen sollen! Und wir sind es« (1. Johannes 3,1).

Und auch das Mütterliche hat Platz: Gott will uns trösten wie eine Mutter, steht in Jesaja 66,13, und der Heilige Geist, *ruach*, ist im Hebräischen weiblich. Gott ist uns Vater und Mutter zugleich. Er füllt jeden Mangel aus, den wir durch unsere leiblichen Eltern vielleicht erfahren haben. Er übernimmt unsere Elternschaft selbst. Er ist der Gott, der uns sieht, uns liebt und auf unserer Seite ist.

Du darfst dir sicher sein: Was Gott sagt, wird er auch ausführen. Gott ist dein Vater und deine Mutter, und du bist sein Kind. Du darfst ihn *Abba*, Papa, nennen. Das ist eine zärtliche Bezeichnung für einen Vater.

Gott lädt dich ein, ihn (vielleicht das erste Mal) als den liebenden, treuen, fürsorglichen, großzügigen und abenteuerlustigen Vater kennenzulernen, der er ist. Sein liebevolles Angebot von Vaterschaft, Identität, Zugehörigkeit und Heimat gilt auch dir! Es gibt nichts Besseres, als an seiner Hand zu laufen und diesen Raum von väterlicher Geborgenheit auszukundschaften und auszukosten. Nirgendwo sonst gibt es diese Sicherheit und das Behütetsein wie an dieser starken Hand.

Ich habe einen Vater

» Unser Vater im Himmel!
Matthäus 6,9

» Und er (der Sohn) machte sich auf und ging zu seinem Vater. Als er aber noch fern war, sah ihn sein Vater und wurde innerlich bewegt und lief hin und fiel ihm um seinen Hals und küsste ihn.
Lukas 15,21; ELB

» Ihr habt einen Geist der Kindschaft empfangen, durch den wir rufen: Abba, lieber Vater!
Römer 8,15

» Denn durch ihn haben wir … durch seinen Geist den Zugang zum Vater. So seid ihr nun nicht mehr Fremde und Nichtbürger, sondern ihr seid Mitbürger der Heiligen und Gottes Hausgenossen … und in ihm werdet auch ihr mit aufgebaut zu einer Behausung Gottes im Geist.
Epheser 2,18-22

Aktivierung

BLICK NACH INNEN

Welches Vaterbild steht dir vor Augen? Woran denkst du, wenn du »Vater« hörst? Wie wurdest du durch deinen Vater gesegnet? Was hast du vermisst? Für wen bist du Vater oder Mutter?

Kann Gott dein Vater sein? Welche Aspekte seiner Vaterschaft hast du schon erfahren? Welche möchtest du entdecken?

SCHRITT NACH AUSSEN

Schreibe auf einen hübschen Notizzettel oder eine Karte das Wort Abba, Vater, Mutter oder Papa und hänge es gut sichtbar auf, wo du dich oft aufhältst. Vielleicht kennst du jemanden, der dir ein Handlettering machen kann mit diesem Wort? Oder gibt es ein anderes sichtbares Zeichen, das dich an den himmlischen Vater erinnert?

Proklamation

Sprich diese Wahrheit aus und betone sie immer wieder anders:

Gott, DU bist mein Vater.
GOTT, du bist mein Vater.
Gott, du BIST mein Vater.
Gott, du bist MEIN Vater.
Gott, du bist mein VATER.
Abba, lieber Vater.
Abba, lieber Papa.
Mein Papa.

Gebet

Mein Vater im Himmel.

Ja, du bist mein Vater, und ich bin dein Kind. Danke von Herzen, dass du mich dein eigenes Kind nennst! Mein Herz kann diese Wahrheit kaum fassen: Du bist mein liebevoller, vollkommener, starker Papa!
Abba, lieber Vater (Römer 8,15)! Mein Herz, du darfst diese Wahrheit annehmen, trinken und essen: Ich bin das Kind – das geliebte Kind – meines himmlischen Vaters.
Nicht meine Unwürdigkeit, nicht meine Zweifel, nicht meine Unsicherheit und keine Schuld der Welt, weder

meine eigene noch die anderer, können diese Wahrheit antasten. Denn du sagst in deinem Wort in Römer 8,38 und 39, dass mich weder Tod noch Leben, weder Engel noch Gewalten, weder Gegenwärtiges noch Zukünftiges noch Mächte, weder Höhe noch Tiefe noch irgendein anderes Geschöpf von seiner Liebe trennen kann. Ich bin und bleibe dein geliebtes Kind.

All meine Zweifel und Unsicherheiten, all das, was mich hindern will, diese Wahrheit tief in mich aufzunehmen, bringe ich nun vor dich, zum Kreuz von Jesus. Hier ist der Ort für alle Unsicherheiten, alle Ängste und alle Schuld. Hier und nirgendwo sonst. Auch dafür hast du gesorgt, Vater: Ich muss nichts verstecken, sondern darf dir alles bringen, was stört und hindert. Danke dafür! Du rollst nicht mit den Augen, sondern bei dir bin ich willkommen. An deinem Tisch und an deinem Herz bin ich willkommen, und ich nehme gerne Platz bei dir.

Mein Herz, du darfst das glauben und annehmen: Ich bin das geliebte Kind des himmlischen Vaters. Ich habe ein Zuhause. Ich trage seinen Namen.

Und in dieser Geborgenheit laufe ich. Du bist mein Vater, und das gibt mir Kraft und Freiheit.

4

Gott verspricht, uns zu versorgen

EMPFANGEN LERNEN UND DAS MANGELGEFÜHL LOSWERDEN

Alles, was mir gehört, gehört auch dir!
Lukas 15,31b; DBU

Unsere Seele befindet sich oft im Mangel. Elke Mölle, die Autorin des sehr lesenswerten Buches *Erfüllt*, nennt diesen Zustand treffend den selbst gewählten Waisenkind-Modus: *Ich brauche, ich muss, ich will…* Wenn die Seele schreit: »Ich muss für mich selbst sorgen!«, dann hat das immer eine Wurzel. Und zwar diese, dass ich mich in diesem Moment nicht als Kind meines himmlischen Vaters sehen kann. Meistens steht uns dann auch unser Eigenwille oder Trotz im Weg. Das sind dann Gedanken, wie: »Ich will mich nicht trösten lassen! Ich will diese Vaterschaft nicht annehmen.«

Überall, wo unsere Seele keine Möglichkeit hatte zu wachsen und zu reifen, bleibt sie irgendwo im Entwicklungsprozess stecken. Ich mache ein Beispiel von mir: Als ich meine Essstörungen längst überwunden hatte, gab es da dieses eine Überbleibsel. Manchmal, am Abend, wenn ich müde war, bekam ich unbändige Lust auf Süßes, gab ihr nach und aß dann regelmäßig viel mehr, als ich wirklich gebraucht hätte. Diese Essanfälle nervten mich, und ich machte mich innerlich auf die Suche nach den Ursachen. Ich fand heraus, dass ich diese Lust nach Süßem – eigentlich war es das Bedürfnis nach Betäubung – immer dann hatte, wenn ich mich tagsüber in ungutem Sinne verleugnet hatte. Zum Beispiel, wenn ich Ja gesagt hatte statt Nein. Wenn ich mich nicht getraut hatte, ehrlich zu sagen, was ich denke. Wenn ich aus Angst nicht auf eine Ungerechtigkeit reagiert hatte.

Der Weg, um das Symptom, den Essanfall, loszuwerden, war, meine Ängste zu konfrontieren und reif und ehrlich zu werden. Das bedeutete auch, mich anderen Menschen zuzumuten mit einem Nein, einem Aber oder einem Stopp. Stück für Stück durfte ich lernen, angstfrei ehrlich zu werden und Gottes Trost und Annahme anzunehmen, statt auf Kosten meiner Überzeugungen die Annahme bei Menschen zu suchen.

Elke Mölle schreibt: »Wir haben ein Bürgerrecht im Himmel, also einen neuen Pass. Einen Vater, der uns liebt, eine neue Heimat im Vaterhaus und einen Platz am Tisch des Vaters. Alles, was dem Vater gehört, gehört jetzt auch uns.«[5] Alles gehört auch uns!

Das ist Gottes Einladung für dich: Du darfst in diesem kindlichen, mutigen Vertrauen den Waisenkind-Modus, der so sehr auf Selbstversorgung baut und sich immer im Mangel wähnt, verlassen und mit fliegenden Fahnen zur Königskind-Identität wechseln. Ein Königskind ist ebenfalls nicht selbst reich. Aber im Gegensatz zum Waisenkind weiß ein Königskind: »Ich muss nichts selbst haben. Mein Vater hat alle Schätze der Welt. Ich darf mich einfach bedienen! Das alles gehört auch mir! Denn ich bin Kind und Erbe.«

Beide, das Waisenkind und das Königskind, leben von anderen. Das Waisenkind baut auf sich selbst und auf andere Menschen – und wird so natürlich dauernd enttäuscht werden. Das Königskind verlässt sich voll und ganz auf den himmlischen, überreichen Vater, der gerne gibt und der es liebt, seine Kinder zu versorgen.

Königskinder leben aus dem Empfangen. Sie empfangen aus der Schatzkammer, der Bibel, Gottes Zusagen. In ihr finden wir alles, was wir brauchen, ja sogar noch mehr. Stimmt, doch wie geht das ganz praktisch? Wie kannst du diese unsichtbaren Dinge durch das Wort von Gott so erleben, dass sie dich in deinem Mangel wirklich versorgen?

Empfangen müssen wir einüben. Empfangen heißt, nichts selbst zu produzieren. Kein »Ich hab alles im Griff«-Theater aufzuführen und mit großer Kraftanstrengung Dinge zu tun, die wir im Grunde nicht glauben. Nichts davon meint Jesus, wenn er sagt, wir sollen uns selbst verleugnen. Empfangen heißt, sich einzugestehen, dass man selbst nichts beizutragen hat und vollkommen auf Kosten des Königs lebt. Und dann bedeutet es, Gott den Raum zu geben, dass er mit der Versorgung loslegen kann. Auf seine ihm eigene göttliche Art und Weise. Versorgung ist sein Ding. Es ist seine Ehre. Alle seine Geschöpfe schauen auf ihn, steht in Psalm 145, und warten darauf, dass er zur rechten Zeit alles zur Verfügung stellt, was sie zum Leben brauchen.

» Empfangen zu üben heißt, mit der Selbstversorgung aufzuhören und Gott Versorger sein zu lassen.

Du bist eingeladen, den selbst gewählten Waisenkind-Modus zu verlassen und deine Position als Kind des höchsten Königs anzunehmen. Die Wahrheit ist: Du lebst durch das »Es ist vollbracht« von Jesus schon nicht mehr aus dem Mangel, sondern aus dem Überfluss deines Vaters, von dem du alles empfängst, was du brauchst. Der Versorgungsweg ist freigelegt. Empfangen heißt, darauf zu vertrauen, dass Gott für dich sorgt.

Willst du gerade jetzt diesen Wechsel vollziehen?

— Aktivierung

BLICK NACH INNEN

Wo spüre ich Mangel in meinem Leben? Was fehlt mir? Was wünsche ich mir von Gott? Halte fest, was du von Gott hörst. Vielleicht hast du auch ein Bild oder eine Bibelstelle empfangen?

Bitte Gott um die Dinge, die du jetzt gerade brauchst. Weisheit für eine Entscheidung bei der Arbeit? Liebe für deine Kinder? Geduld, um die Aufgabe, an der du dran bist, fertigzustellen?

SCHRITT NACH AUSSEN

Gebet

Himmlischer Vater,
ich komme zu dir. Ich komme zu dir als dein Kind. Ja, mein Herz darf diese Wahrheit glauben: Ich bin dein Kind. Mein Herz, du darfst dich fallen lassen in die Arme des stärksten, größten Königs.
Da ist kein Platz mehr für den alten Minderwert! Nein, ich lege den Waisenkind-Modus jetzt ab und nehme meine neue Identität an: Ich bin ein Königskind.

Halte jetzt kurz inne. Hast du die Punkte und Situationen vor dem inneren Auge, wo du bisher immer versucht hast, selbst gegen dein Mangelgefühl vorzugehen? Empfange für diese Stellen jetzt Gottes Versorgung. Achte darauf, was Gott in deinem Inneren bewegt. Wenn Emotionen hochkommen, gib ihnen Raum. Wenn sich an den Gefühlen nicht sofort etwas ändert, macht das nichts: »Wir empfangen im Glauben, nicht im Schauen oder Fühlen. Trotzdem wirst du mit der Zeit merken, dass sich auch deine Befindlichkeit positiv verändern wird.«[6]

Formuliere deine Dankbarkeit, dass du empfangen hast:

Gebet

Ich kann es gar nicht fassen und auch nicht oft genug aussprechen! Ich bin ein Königskind! Und damit habe ich Zugang zu den himmlischen Schätzen, zur Versor-

gung und zu den Möglichkeiten meines Vaters. Ich darf mich hier einfach bedienen! Was immer ich brauche, es ist für mich bereit.
Danke, Vater!
Meine Antwort ist: Ja, ich empfange deine Schätze. Ich entscheide mich hier und heute, nicht mehr für mich selbst zu sorgen, sondern aus deinem Reichtum zu leben. Danke, dass du mich versorgst. Ich empfange jetzt alles, was ich brauche, von dir. Ich warte auf dich, sodass du mein Versorger sein kannst.
Ich nehme deine Liebe. Nein, ich versuche nicht mehr, aus mir selbst heraus lieb zu sein. Ich werde grandios scheitern. Nein, du selbst bist die Liebe! Ich lasse mich von deiner Liebe beschenken.
Ich lebe aus deiner Kraft. Dein Wort sagt in 2. Korinther 12,9, dass deine Kraft in den Schwachen mächtig ist. Voilà, hier bin ich. In mir darf deine Kraft mächtig sein. Ich begnüge mich mit dem schwachen Part, und ich lasse mir an deiner Gnade genügen. Deine Gnade ist genug für mich!
Und ich nehme: .... (Ergänze die Schätze aus Gottes Reichtum, die du heute für dich in Anspruch nimmst.)
Und das: ....
Und gerne auch noch davon: ....!
Und gerne Gnade und Gerechtigkeit mit dazu. Ich nehme von dir. Ich lebe von dir! Ich lebe aus dem Vertrauen und dem Empfangen. Das soll mein Lebensstil sein. Und dieser Lebensstil ist leicht. Er beflügelt mich. Er entlastet mich. Danke dafür, liebster Papa!

5

Dem Geheimnis der neuen Schöpfung auf der Spur

LEBEN IN TIEFEM FRIEDEN UND ECHTER FREIHEIT

Jesus antwortete: »Ich sage euch:
Jeder, der sündigt, ist ein Sklave der Sünde.
Ein Sklave gehört nur vorübergehend zur Familie,
ein Sohn dagegen für immer.
Nur wenn der Sohn euch frei macht, seid ihr wirklich frei.«
Johannes 8,34-36

Die neue Schöpfung im Geist ist ein Geheimnis. Der Apostel Petrus schreibt in einem seiner Briefe darüber, dass diese Botschaft vom auferstandenen Christus, der nun in allen lebt, die an ihn glauben, so einzigartig ist, »dass sogar die Engel den tiefen Wunsch haben, mehr darüber zu erfahren« (1. Petrus 1,12; NGÜ).

Das Erstaunliche dabei ist: Man könnte ja denken, dass es für solche Tiefen der göttlichen Geheimnisse, von denen selbst die himmlischen Heerscharen nichts bis wenig ergreifen können, sicherlich sehr kluge Menschen voller Weisheit braucht, um da durchzusteigen. Aber Jesus betet: »Ich preise dich, Vater, Herr des Himmels und der Erde, dass du dies Weisen und Klugen verborgen hast und hast es Unmündigen offenbart« (Matthäus 11,25).

Jesus dankt hier dem Vater für Kinder – für Unmündige. Ich denke, hier sind nicht nur tatsächliche Kinder gemeint, sondern Jesus spricht hier von erwachsenen Menschen mit einem kindlichen Geist. So, wie er selbst einen hat. Menschen, die die Kind-Gottes-Mentalität angenommen haben und sich nicht selbst für klug halten oder in der Waisenkind-Haltung verharren.

Das zweite Geheimnis ist nämlich: Die Neugeburt im Geist können wir uns nicht selbst verdienen – wir müssen sie uns wie ein Kind einfach von Gott schenken lassen. Das versetzt unserem Ego einen gewaltigen Stoß. Alle Ehre kommt Gott zu, wenn ein Mensch von Neuem geboren wird. Nein, wir können gar nichts dazu beitragen. Nichts. »Durch Gottes Gnade seid ihr gerettet, und zwar aufgrund des Glaubens. Ihr verdankt eure Rettung also nicht euch selbst; nein, sie ist Gottes Geschenk« (Epheser 2,8; NGÜ).

Nach einer groben Schätzung von Monika Flach entstehen etwa 80 Prozent aller Schwierigkeiten, denen wir begegnen, aus diesem Grund: Unser Ego ist verletzt. Also begehren wir innerlich auf und geben dem Raum, was Paulus das Fleisch nennt, der menschlichen Natur (NGÜ, DBU) oder sündigen Natur (HFA). Unser Herz neigt dazu, zu rebellieren. Es ist gewohnt, unabhängig zu agieren, meist aus einem Bedürfnis heraus, sich selbst zu schützen. Es kennt den Schutz Gottes noch nicht.

» Denn die menschliche Natur richtet sich mit ihrem Begehren gegen den Geist Gottes, und der Geist Gottes richtet sich mit seinem Begehren gegen die menschliche Natur. Die beiden

> liegen im Streit miteinander, und jede Seite will verhindern, dass ihr das tut, wozu die andere Seite euch drängt. ... Die Frucht hingegen, die der Geist Gottes hervorbringt, besteht in Liebe, Freude, Frieden, Geduld, Freundlichkeit, Güte, Treue, Rücksichtnahme und Selbstbeherrschung.
> *Galater 5,17.22-23*

Die gute Nachricht ist, dass unsere menschliche Natur uns nicht bestimmen muss. Sie hat nämlich einen »Chef« bekommen: unseren erneuerten Geist. Und dieser erneuerte Geist ist direkt mit dem Heiligen Geist verbunden und so unsere Verbindung zu Gott. Im Gegensatz zu unserer Seele, die all ihre Empfindungen und Eindrücke aus der sichtbaren Welt erhält, speist sich unser erneuerter Geist aus der unsichtbaren himmlischen Welt.

Das ist der Ort, in dem das Friedensreich Gottes schon jetzt vollkommen ist. Das ist der absolute Herrschaftsbereich von Jesu »Es ist vollbracht!«. Und dorthin sind alle, die im Geist neu geboren sind, hineinversetzt worden (Kolosser 1,13). Das ist der Ort, aus dem du schon jetzt in völliger Freiheit, egal in welchen Umständen du dich gerade befindest, versöhnt mit dir selbst und mit Gott, auch in dieser sichtbaren Welt leben kannst. Als Licht und Salz der Erde, als Träger der Königreichs-DNA, als Teil der königlichen Priesterschaft, die ihr Leben wie ein beständiges, heiliges Opfer lebt.

So wie Stephanus, der bei seiner eigenen Steinigung Gott anbetete und den Himmel offen sah.

So wie Paulus und Silas, die mitten im Verlies im Lobpreis standen, sodass die Mauern einstürzten.

So wie Mose, der lebte, als sähe er den Unsichtbaren.

Und, bist du motiviert, dein Fleisch mit Jesus am Kreuz zu lassen und das Geheimnis von einem Leben in der Neuschöpfung zu ergründen?

Der mächtigste Gott und König – er wird dein Vater! Durch die Neugeburt hast du eine echte Wahl: dein Herz nach dem verwaisten Ego zu richten oder aber umzudenken und »umzufühlen«.

In Jesus sind wir neu gemacht – und damit eingeladen, in einer neuen Identität zu leben! Und dieses Umdenken braucht Entschlossenheit und Zeit. Allzu sehr und allzu lange wurden wir geprägt von unseren Mechanismen und Mustern, die wir über all die Jahre sorgfältig entwickelt haben. In der neuen Schöpfung zu leben heißt, eine neue Kultur kennenzulernen – nämlich die der Versorgung – und eine neue Sprache zu erlernen – nämlich die der Kindschaft. Aus »Ich brauche« wird »Du versorgst«. Aus »Ja, aber« wird »Du, Herr«.

In diesem Kapitel betrachten wir in den Aktivierungen nun einige zentrale Bereiche des menschlichen Egos – und die Umdenk-Chancen. Starte gern mit dem Bereich, der dir am häufigsten den Frieden raubt.

FREI VON ÄRGER

Ärger hat eine einzigartige Funktion: Er erfasst Erschütterungen des Herzens wie ein Seismograf. Wurde ich hintergangen? Übergangen? Ausgenutzt? Zu wenig wertgeschätzt? Ungerecht behandelt? Sobald es sich um Schuld handelt, ist Vergebung das Mittel der Wahl, dazu später mehr.

Manchmal hat mein Ärger aber nichts mit Schuld zu tun, sondern mit meinem verletzten Ego: dass das Leben nicht so spielt, wie ich es mir vorstelle; dass ich eine Regel einhalten muss, die ich für sinnlos halte; das Wetter nicht so mitmacht, wie ich es mir wünsche; der Lobpreisleiter in der Gemeinde ständig dieses eine Lied spielt, das ich überhaupt nicht mag … Solcher Ärger ist ein Anzeichen dafür, dass mein Herz rebelliert. Es ist mit einer Sache nicht einverstanden und beklagt sich. Unserem Ego wurde nicht Genüge getan. Die wunderbare Nachricht ist: Im Ärger musst du nicht verharren! Sei ermutigt, ihn loszulassen und die ganze Freiheit wiederzuerlangen.

Aktivierung

BLICK NACH INNEN

Was verärgert mich? Was ist aus dem Lot geraten? Gibt es eine Diskrepanz zwischen Anspruch und Wirklichkeit? Wenn ja, welche? Mache ich Vorwürfe? Wem und warum?
Was sagt Gott zu mir? Wie ist seine Perspektive? Was ist meine Antwort?

Gebet

SCHRITT NACH AUSSEN

Epheser 2,14 sagt: Du bist unser Friede. Danke, dass du selbst der Friede bist, Jesus! Du bist der Friede, und du bist mein Frieden und du lebst in mir. Du bist hier, in mir, mit mir. Deinen Frieden spreche ich in mein Herz hinein: Herz, du darfst den Frieden von Jesus nehmen. Du darfst dich einfach beschenken lassen und diesen Frieden empfangen. Du musst nichts tun – außer bereit sein, zu empfangen.

Halte kurz inne und empfange den Frieden Gottes. Geh nicht zu schnell weiter, es braucht einen Moment, bis der Friede sich ausbreitet. Ein wenig so, wie wenn man ein Glas Wasser ausgießt: Erst nach und nach breitet es sich überall aus.

Danke, Jesus, für deinen Frieden.
Jetzt gilt: Da, wo ich bin, ist auch dein Friede. Dein Friede regiert. Hier und jetzt. In diesem Haus und in meinem Herzen. Danke dafür, liebster Jesus. Dass du der Friede bist! Ich empfange deinen Frieden, Jesus. Ich nehme ihn. Ich empfange deinen Frieden und gebe ihm Raum. Amen!
Du sagst in deinem Wort in Johannes 14,27: »Frieden lasse ich euch, meinen Frieden gebe ich euch.« Danke für deinen Frieden. Danke, dass du uns deinen Frieden gibst! Ich weiß nicht, wie du das tust. Aber ich weiß, dass dein Wort wahr ist. Ich vertraue dir.

Nimm dir nun einen Moment und sprich den Frieden Gottes über allen Situationen und Umständen aus, die du vorher notiert hast oder die dir jetzt vor dem inneren Auge stehen:

Ich spreche deinen Frieden über meinem Herzen aus und in mein Herz hinein.
Ich spreche deinen Frieden über .... und über .... aus.
Dein Wort ist wahrhaftig. Du bist treu. In Frieden kann ich mich nun hinlegen und schlafen. Denn du, Herr, gibst mir einen Ort, an dem ich unbehelligt und sicher wohnen kann (Psalm 4,9; NGÜ). Du schaffst mir einen Ort der Sicherheit und der Ruhe. Danke, dass ich in deinem Schutzraum wohnen darf. Ich darf mich sogar hinlegen und schlafen, weil ich von deinem Frieden umgeben bin. Danke von Herzen dafür!
Es reicht dir nicht, dass ich überlebe – nein, du willst mich vollständig und liebevoll versorgen. Ich darf mich ausruhen. Dein Friede ist über mir. Mein Herz ist voller Dankbarkeit. Du bist liebevoller und großzügiger, als Menschen das je sein können. Freigebig gießt du deinen Segen über mir aus. Wie kann ich mich da noch sorgen und ängstigen und aufregen?
Du befreist mich und lässt meine Seele Frieden finden (Psalm 55,19; NGÜ). Ja, du bist mein Zufluchtsort, ich berge mich in deiner Hand.
Du lässt mich Frieden finden. Echten Frieden. Tiefen Frieden. Und ich nehme ihn, deinen Frieden. Mit allem, was mich bewegt, berge ich mich in deiner starken Hand. Du bist da. Dein Friede ist da.
Danke, Vater.

Du bist mein Zufluchtsort

FREI VON NEID UND EIFERSUCHT

Ach, dieses Vergleichen! Warum fällt es uns so schwer, uns ehrlich für andere Menschen zu freuen, wenn sie eine Prüfung bestanden, eine Auszeichnung oder Lob erhalten haben? Wenn sie eine außerordentliche Leistung vollbringen? So richtig gut sind in etwas, wo wir auch nicht schlecht sind – aber eben nicht so gut? Etwas haben, wovon wir träumen?

Dass Neid etwas Schlechtes ist, ist uns klar. Aber wie können wir dieses bohrende Gefühl loswerden? Wie der Ärger ist Neid ein Gradmesser dafür, dass ich an einem Punkt mit meinem Leben nicht vollständig versöhnt bin.

Aktivierung

Was oder wer macht mich eifersüchtig? Welcher Mangel steckt hinter meiner Eifersucht?

BLICK NACH INNEN

Gebet

Danke, Vater,
dass du mir deinen Heiligen Geist schenkst! Danke, dass du durch den Heiligen Geist in mir wohnst. Und dass

SCHRITT NACH AUSSEN

du mich führst und leitest. Wie gut ist es, mich von dir leiten zu lassen!
Du hast mir einen erneuerten Geist geschenkt. Danke! Dadurch bin ich mit dir verbunden. Ich höre dich. Du sprichst zu mir!
Ich entscheide mich hier und heute, mich nicht mehr von meiner alten Natur leiten zu lassen, sondern von deinem Geist. Meine alte Natur kann nichts Gutes bewirken. Selbst das beste »Gut gemeint« ist voller fragwürdiger Hintergedanken.
Nein – du sagst, meine alte Natur ist mit dir gekreuzigt. Und das weiß ich und das spreche ich heute aus: Mein altes Ich ist mit Christus gekreuzigt (Galater 5,24)! Nicht mehr ich lebe, sondern Jesus lebt jetzt in mir. Das sagt dein Wort in Galater 2,20 und ich glaube es!
Das sind die besten Neuigkeiten! Und ja, ich halte mich dem Neid und der Eifersucht für gestorben. Diese Art zu leben hat nichts mehr mit dem Leben im Geist zu tun, das ich jetzt lebe. Ich gebe dieser alten Art zu leben keinen Raum mehr. Nicht hier und nicht heute und nicht jetzt.
Ich lasse los und öffne meine Hände zu dir hin, Vater. Denn du kennst meine Bedürfnisse, meinen Mangel, und du allein kannst meine Sehnsucht stillen. Danke von Herzen dafür! Darum wähle ich das Leben unter der Führung des Geistes Gottes. Wo der Geist ist, ist Freiheit (2. Korinther 3,17)! Nein, ich gehe nicht mehr darunter, gebe keinen Zentimeter dieser Freiheit wieder her.
Danke, Vater! Das Leben im Geist macht frei, und es ist leicht. Du bist liebevoll und gütig! Es ist so wunderbar, mit dir zu leben. Ich wähle das Leben! Ich wähle dich! Amen.

Wenn wir uns ärgern, dürfen wir unseren Ärger loslassen und ihn gegen den Frieden Gottes eintauschen. Sobald Schuld im Spiel ist, ist es nötig, dass wir mit ihr handeln. Schuld vergeht nicht, indem man lange genug wartet. Auch der Friede Gottes kann sie nicht ungeschehen machen. Um mit Schuld zu handeln, gibt es nur einen Weg: Sie muss benannt, ans Licht gebracht und vergeben werden. Das ist nicht beschämend, sondern ein Privileg! Denn wenn Schuld vergeben wird, ist wahre Freiheit ohne jegliches Nachtragen möglich. Für beide Seiten.

Ich habe die Entscheidung getroffen, Vergebung zu praktizieren, sobald ich Bitterkeit in mir spüre. Auf Bitterkeit habe ich nämlich extrem wenig Lust. Sie belastet, macht krank und hässlich. Nein, dann vergebe ich doch viel lieber. Seit ich den süßen Geschmack von wirklicher Vergebung und wahrer Freiheit geschmeckt habe, zieht es mich in die Versöhnung. Das war auch für mich ein Weg. Sei ermutigt, den Weg heute unter deine Füße zu nehmen. Warte nicht länger mit Bitterkeit oder Opfergefühlen im Herz, sondern bring das ganze Paket an den einzig wahren Ort, um frei zu werden: das Kreuz.

Was sagt Gott über Vergebung?

» Und wenn ihr beten wollt und etwas gegen jemand habt, dann vergebt ihm, damit euer Vater im Himmel euch eure Verfehlungen auch vergibt.
Markus 11,25-26; NGÜ

» Wem ihr die Sünden vergebt, dem sind sie vergeben; wem ihr sie nicht vergebt, dem sind sie nicht vergeben.
Johannes 20,23; NGÜ

» Wenn wir aber unsere Sünden bekennen, so ist er treu und gerecht, dass er uns die Sünden vergibt und reinigt uns von aller Ungerechtigkeit.
1. Johannes 1,9

» Doch bei dir finden wir Vergebung. Ja, du vergibst, damit wir dir in Ehrfurcht begegnen.
Psalm 130,4; HFA

» Doch du, Herr, unser Gott, bist voller Erbarmen; bei dir finden wir Vergebung.
Daniel 9,9; HFA

Aktivierung

BLICK NACH INNEN

Bußgebet

Vater, ich komme jetzt zu dir. Danke, dass ich mit allem, was ich mit mir herumtrage, zu dir kommen darf. Du bist meine Geborgenheit. Ich komme vor dich mit meiner Schuld.
Vater, ich habe gesündigt. Ich bin vor dir schuldig geworden. Ich bekenne dir: ....
Alles, was ich dir jetzt bekannt habe: Dafür bitte ich dich um Vergebung. Vater, bitte vergib mir meine Schuld.

Vergebung annehmen

Vater, ich danke dir für deine Vergebung! Sie ist möglich, weil du deinen eigenen Sohn am Kreuz hast sterben lassen für mich! Dein eigener Sohn hat die Strafe, die für mich gedacht war, auf sich genommen. Durch seine Wunden bin ich geheilt von meiner Schuld!
Mein Herz, du darfst es glauben und annehmen: Du bist frei von Schuld! Du bist reingewaschen um Jesu willen.

Das ist nicht zu schön, um wahr zu sein – nein, das ist die Wahrheit! Und an dieser Wahrheit darfst du dich freuen, mein Herz. Du darfst sie glauben und empfangen – jetzt. Jesus Christus, durch deinen Tod am Kreuz bin ich frei von Schuld. Es hat dich alles gekostet, mich frei zu machen. Dafür danke ich dir von ganzem Herzen. Mein Herz ist leicht und frei. Lob und Ehre sei dir, geliebter Jesus! Du hast mich frei gemacht! Und ich glaube dir und nehme diese Freiheit an. Du sagst in deinem Wort, dass du alle unsere Sünden ins tiefste Meer wirfst (Micha 7,19) und dass du uns alle Schuld vergibst und nicht mehr an die Sünden denkst (Hebräer 8,12).
Du begnügst dich nicht damit, mir zu vergeben. Nein, du wirfst meine Sünde ins tiefste Meer. Du willst, dass mein Herz glauben und sehen kann, wie ernst du es meinst mit deiner Gnade und Vergebung. Du vergibst nicht nur, nein, du vergisst sie! Vater, deine Güte ist unendlich groß. Ich danke dir so sehr dafür!

Vergebung gewähren
Vater, ich danke dir, dass ich in deine Gegenwart kommen darf. Ich komme jetzt vor deinen Thron.
Jetzt sprechen wir zu der Person, die uns verletzt hat, im Gebet, nicht direkt: ....*, du hast* .... *(benenne klar, worum es genau geht) getan. Das hat mich verletzt. Du hast mich verletzt! Was du getan hast, war nicht richtig. Es war total daneben!*
Nachdem wir alles, was uns verletzt hat – alles! –, vorgebracht haben, wenden wir uns dem Reden Gottes zu. Was sagt Gott zu uns? Gibt er uns ein Bild? Spricht er zu uns? Oder kommt einfach sein Frieden in mein Herz? Geh nicht zu schnell weiter, sondern achte darauf, was in deinem Herz vorgeht. Das, was dich verändert, ist die Erfahrung von Gottes Gegenwart und sein Trost.

Vater, ich danke dir für deinen Trost. Danke, dass du mich siehst! Danke, dass du meinen Schmerz, meine Wut, meine Ohnmacht siehst! Und danke, dass ich dir nicht egal bin.
......................, ich vergebe dir nun alles, was ich gesagt habe. Du stehst nicht länger in meiner Schuld, sondern ich entlasse dich aus aller Anklage – jetzt! Du bist frei von mir, und ich bin frei von dir. Jesus ist meine Gerechtigkeit! Diese Gerechtigkeit rufe ich aus über dir und über mir.
Und weil ich ein Kind des höchsten Königs bin, darf ich dich, ..., gerade jetzt auch segnen. Ich segne dich in deinen Beziehungen, in deinem Tun und Sein. Mögest du Gottes Gunst in deinem Leben sehen und schmecken!
Danke, Vater! Für deine überreiche Vergebung nicht nur für mich, sondern für alle Menschen. Danke, dass du mir jetzt deinen Frieden schenkst.

FREI VON SUCHT UND ZWANGHAFTEN GEWOHNHEITEN

Johannes Hartl postete einmal auf Instagram den folgenden Satz: »Der nicht an Stille gewöhnte Geist sucht sich die Ablenkungen, unter denen er leidet.« Damit ist vieles gesagt: Die Ablenkungen, unter denen wir leiden, können zu Gewohnheiten und Süchten werden. Emotions-Essen. Die fünfte Netflix-Folge. Die sozialen Medien, die eine Stunde rasch verfliegen lassen. Die Belohnungs-Schokolade. Das entspannende Glas Wein. Die allzeit bereite Arbeit. Die perfekte Sauberkeit.

Gott schenkt uns nicht nur Vergebung für unsere Verfehlungen, sondern auch die Freiheit von ihnen. Er will uns total und vollkommen frei machen. Die Grundlage dafür hat er schon gelegt. Nun ist es an uns: Wollen wir diese Freiheit annehmen? Das kann bedeuten, lieb gewordene Gewohnheiten loszulassen. Das Gefühl von Sicherheit und Geborgenheit neu zu definieren und einen neuen Blick zu wagen: denjenigen auf die Ursachen meiner Gewohnheiten. Ganz frei zu werden kann bedeuten, von Gott in diese Tiefen hineingeführt zu werden. In meinem eigenen Leben habe ich es so erlebt. Gott zeigt mir mein Herz, meine Sehnsucht, meinen Schmerz – und lädt mich ein, mich berühren und heilen zu lassen.

Gott schenkt uns Freiheit

» Zur Freiheit hat uns Christus befreit! So steht nun fest und lasst euch nicht wieder das Joch der Knechtschaft auflegen!
Galater 5,1

» Der Herr ist der Geist; wo aber der Geist des Herrn ist, da ist Freiheit.
2. Korinther 3,17

» Wenn euch nun der Sohn frei macht, so seid ihr wirklich frei.
Johannes 8,36

» Alles ist mir erlaubt, aber nichts soll Macht haben über mich.
1. Korinther 6,12

Aktivierung

BLICK NACH INNEN

Hinter jeder Sucht, hinter jeder zwanghaften Gewohnheit steckt eine Sehnsucht. Wie heißt sie? Wonach sehne ich mich? Und was machen Stille und Leere mit mir?

SCHRITT NACH AUSSEN

In welchen Bereichen meines Lebens spüre ich Freiheit? Wo hat Gott mich frei gemacht von Dingen oder Menschen, die mich gebunden haben? Was sagt Gott zu mir gerade jetzt?

Proklamation

Vater des Lichts,
ich danke dir, dass du mich frei gemacht hast. Du hast mich aus Sünde und Gebundenheit frei gemacht. Und nicht nur frei, sondern wirklich und total und unwiderruflich und ganz und gar frei (Johannes 8,36)! Yes – das nehme ich! Du bist ein Gott der Freiheit! Dein Wort sagt in 2. Korinther 3,17: Wo dein Geist ist, ist Freiheit. Und dein Geist lebt in mir. Was für ein Privileg! Was für ein Vorrecht!
Hier und heute nehme ich diese Freiheit von dir. Ich nehme sie und gebe ihr Raum – in meinem Leben, in meinem Herzen, in meinem Alltag. Und auch wenn ich falle, so stehe ich wieder auf. Ich gehe an deiner Hand, und ich lasse mich nicht beirren. Du hast Freiheit für mich. Du rufst sie aus (Jesaja 61,1)! Diese Wahrheit steht über jedem Versagen, über jeder Schwachheit, und ich halte mich daran fest.
Hörst du, mein Herz? Dein Vater hat dich frei gemacht. Vollkommen frei! Richtig frei! Wirklich frei – erinnere dich an Johannes 8,36: »Wenn euch nun der Sohn frei macht, so seid ihr wirklich frei.« Du darfst dich an diese Wahrheit anlehnen. Du darfst in dieser Wahrheit laufen. Du darfst sie nehmen! Mit Freude und Sicherheit, in Frieden und voller Vertrauen!
Lauf, mein Herz. Du bist dazu bestimmt, frei zu sein und in Freiheit zu leben.

6

Gott verheißt uns Freude

LOB UND ANBETUNG – ANTWORT UND SCHLÜSSEL ZUGLEICH

Dein Lob soll immerdar in meinem Munde sein!

Psalm 34,2

Bill Johnson sagte einmal in einer Predigt: »Gott hat gute Laune!« Für mich klang das anfangs etwas unpassend. Irgendwie zu schön, um wahr zu sein. Und trotzdem wollte ich das gerne glauben, denn: Wie schön muss es sich anfühlen, wenn mein Gott gute Laune hat?! Ich erlaubte dem Satz, in meinem Herzen zu arbeiten, und entdeckte dabei, dass ganz viel Selbstanklage mich immer wieder daran hindern wollte, dem zu glauben. Ich musste in meinen Augen perfekt sein und durfte keinen Fehler machen, um wertvoll zu sein. Erkenntnis ist ein guter Anfang, und weise Wegbegleiterinnen sind an Segen kaum zu übertreffen. So durfte ich Stück für Stück die Selbstanklage ablegen und durch die Annahme und freisetzende Vergebung Gottes ersetzen. Mit der Heilung kam die Freiheit, an diesen wirklich guten, herzlichen und humorvollen Gott zu glauben.

Die Serie *The Chosen* zeigt einen Jesus, der viel lacht und der so herzlich ist, dass man ihn einfach lieben muss. Das bringt etwas in mir zum Klingen. Denn Verse wie »Die Freude am Herrn ist eure Kraft« oder »Freuet euch in dem Herrn allewege, und abermals sage ich: Freuet euch!« bewirken in mir schnell eine gewisse Anspannung: »Ich soll mich jetzt auf Knopfdruck freuen? Jesus, siehst du, was hier gerade läuft? Und ausgerechnet jetzt erwartest du, dass ich lächle?«

Ich kann mich gut an Zeiten erinnern, in denen ich es mit letzter Kraft in die Gemeinde geschafft habe. Unzählige Kämpfe, Niederlagen und Siege hatte ich bereits hinter mir und kam erschöpft in den Gottesdienst. Und dann sangen wir das Lied: »Feiert Jesus, kommt, feiert ihn!« oder »Klatscht in die Hände und jauchzt!«. Bei den Aufforderungen, mich zu freuen, zu feiern und zu klatschen, fühlte ich mich oft unzulänglich. Ich war zu dieser Zeit nicht oft in Feierlaune.

Es gibt ein Video von einem unserer Söhne, in dem er seiner Patentante für ein Geschenk danken soll. Er war so konzentriert darauf, nichts falsch zu machen, dass er zwar alles brav sagte, was er sagen sollte, aber dabei sehr trübsinnig wirkte. Nachdem ich ihn aufgefordert hatte, lieb zu schauen – schließlich sollte seine Patentante seine Freude spüren –, produzierte er ein so offensichtlich künstliches Grinsen, dass wir uns jedes Mal auf den Boden schmeißen vor Lachen, wenn wir das Video heute angucken.

Die Freude, von der Gottes Wort spricht, muss anders gemeint sein. Und: »Gott ist's, der in euch wirkt beides, das Wollen und das Vollbringen, nach seinem Wohlgefallen« (Philipper 2,13). Gott selbst bewirkt in uns, was er sich von uns wünscht! Wie macht er das?

Wir dürfen echt sein. Niemand erwartet ein Lächeln von uns, schon gar nicht Gott. Wir müssen Müdigkeit und Traurigkeit nicht verstecken. Christsein heißt nicht, gute Miene zum bösen Spiel zu machen. Wir dürfen wir selbst sein.

Gott zu loben bewirkt Freude. »Groß bist du, Herr, und über alles Lob erhaben. Und da will der Mensch dich preisen, dieser winzige Teil deiner Schöpfung. Du selbst regst ihn dazu an; denn du hast uns zu dir hin geschaffen, und unruhig ist unser Herz, bis es ruht in dir« (Augustinus). Mit anderen Worten: Wenn wir Gott loben, nähern wir uns unserer wahren Bestimmung. Wenn wir ihn anbeten, nehmen wir vor seinem Thron Platz – dem Raum, den Gott für uns bereitet hat im Hier und Jetzt. Zu Hause.

Unsere Freude wird vollkommen, wenn wir Gott anbeten. Ich glaube, das ist ein Geheimnis. Und es ist auch Gottes Sehnsucht, dass wir ihn anbeten, denn er sucht Anbeterinnen und Anbeter, die ihn »in der Wirklichkeit des Geistes und in völliger Wahrhaftigkeit« anbeten (Johannes 4,23; DBU).

Gott braucht weder Komplimente noch Schulterklopfen. Anbetung ist eine tiefe Erkenntnis darüber, wer Gott ist, wie er ist und was er ist. Es ist nicht in erster Linie Gott, der unsere Anbetung braucht, sondern wir Menschen brauchen die Anbetung Gottes. Wenn wir unsere Herzen und Gedanken damit füllen, wie groß und mächtig und wunderbar Gott ist, dann kehrt in unseren Herzen Ruhe und Frieden ein. Dann müssen wir uns nicht immer und immer wieder mit uns selbst beschäftigen oder unseren meist wirren Gedanken nachhängen. Nein, wir füllen unser Denken mit dem Kostbarsten, was es gibt: die Größe, Liebe und Herrlichkeit Gottes.

Und da wir für diesen Lebensraum – die Gegenwart Gottes – gemacht wurden, sind wir hier zu Hause. Hier finden wir Frieden für unsere Herzen und die Freude, die Gott meint. Hier gehören wir hin. Und so ist die Anbetung nicht nur die passende Art, uns Gott zu nähern, sondern gleichzeitig ein Segen für uns selbst.

Kommt in dir Sehnsucht nach dieser echten Freude über Gott hoch? Tritt ein: Komm in den Raum seiner Gegenwart, indem du deinen Gott lobst, ihm deine Anbetung schenkst und so dein Herz öffnest! Dir fehlen noch die Worte? Die Bibel gibt uns mit den Psalmen wunderbare Steilvorlagen: Psalm 8, 9,2-3, 33, 45, 103, 148, 150.

Aktivierung

SCHRITT NACH AUSSEN

Ich bete meinen Gott an.

Vater im Himmel, ich liebe dich und ehre dich. Du bist mein Vater. Du bist mein Hirte. Du bist mein Versorger. Du bist der Friedefürst.
Du bist der Löwe und das Lamm. Du bist Herr über alles. Du bist der König.
Wenn ich dich anbete, kommt meine Seele zur Ruhe. Ja, ich spreche es meiner Seele zu: Du bist hier zu Hause, in der Anbetung deines Gottes. Dazu bist du gemacht, um deinen Gott anzubeten, ihn allein. Du darfst dich fallen lassen in die Anbetung deines Gottes.
Mein Herz: Entspann dich, du musst keine Freude produzieren. Der Vater wird dich auch damit beschenken.
Vater, dir gehört alle Ehre. Du bist würdig und vollkommen. Du bist wunderbar, gerecht, voll Erbarmen und Weisheit. Nichts übersteigt deine Herrlichkeit. Deine Herrlichkeit übersteigt meine Vorstellungskraft!
Du bist heilig, allmächtig, vollkommen. Voller Gnade und Barmherzigkeit. Voller Güte und Vergebung. Du bist

erhöht, du sitzt auf dem Thron! Dir gehört alle Ehre, aller Lobpreis, aller Dank, alle Herrlichkeit!
Ich ehre dich. Ich lobe dich. Ich bete dich an.
Und so lobe ich dich mit den Worten aus Psalm ....

Wähle dir einen der Lobpreispsalmen von oben aus und mache ihn zu deinem eigenen Anbetungslied!

Anbetung in der Bibel

Hast du gewusst, dass sich der Lobpreis der Israeliten vor allem durch rhythmischen Lärm und Gemeinschaft auszeichnete? Trau dich, deinem Lob und deiner Anbetung lautstark Ausdruck zu verleihen, auch wenn du allein bist. Der Fantasie sind keine Grenzen gesetzt, wie du hier und heute deiner Freude an Gott Ausdruck verleihen kannst.

Mit Musik: Spielst du ein **Instrument**? Singst du gerne? Oder hörst du einfach gerne Musik? Dann lobe deinen Gott damit. Ich höre oft (laute) **Anbetungsmusik** auf YouTube, die ich mit meiner Violine begleite. Für mich persönlich ist das ein feiner Weg direkt in die Anbetung Gottes. Denn die Musik nimmt nicht den Weg über meinen Verstand, sondern geht direkt ins Herz.

Mit Bewegung: Tanze zur Musik durch die Wohnung! Drücke Lob und Anbetung mit deinem ganzen Körper aus. Nimm einen der **Psalmen von der Liste oben** und lies oder singe ihn mit einer eigenen Melodie laut – oder drücke ihn mit einem Tanz und mit Bewegungen aus.

Mit Genuss und Gemeinschaft: Schmücke dein Zuhause mit frischen Blumen oder Zweigen. Zieh heute einfach so deine schönsten **Schuhe oder Kleider** an. Verabrede dich mit einem Freund oder einer Freundin und feiert mit dem besten **Kaffee oder Tee oder dem besten Stück Torte,** dass Gott so wunderbar ist.

7

Gott ist Güte

DANKBAR SEIN

Geht zu seinen Toren ein mit Danken, zu seinen Vorhöfen mit Loben; danket ihm, lobet seinen Namen!

Psalm 100,4

Die Psychologen Robert Emmons und Michael McCullough haben 2003 eine Studie durchgeführt, bei der sie testeten, welchen Einfluss Dankbarkeit auf den Gemütszustand von Menschen hat.[7] Die Teilnehmenden wurden aufgefordert, über einen bestimmten Zeitraum hinweg wöchentlich oder täglich Tagebuch zu führen. Sie konnten wählen, was sie aufschreiben wollten: Dinge, für die sie dankbar waren; Dinge, die sie verärgerten; oder Dinge, die für sie keine große Bedeutung hatten und sie nicht beeinflussten. Nach zehn Wochen war klar: Dankbarkeit bewirkte verbesserte Lebensumstände. Die Testpersonen, die Gründe zur Dankbarkeit aufgeschrieben hatten, berichteten über einen allgemein verbesserten Gesundheitszustand, verbesserte Schlafqualität und eine optimistischere Lebenseinstellung. Der Schlüssel war, Dankbarkeit zu kultivieren.

Das wussten wohl schon die Israeliten im Alten Testament. Abram baute einen Altar, nachdem Gott ihm erschienen war und zu ihm gesprochen hatte. Jakob errichtete ein Steinmal, nachdem Gott ihm in einer nächtlichen Vision der Himmelsleiter begegnet war. Gideon errichtete einen Altar, nachdem Gott ihn durch einen Engel ermutigt hatte. Die Altäre waren Dank und Erinnerung zugleich, ein starkes Zeichen nicht nur zu Gottes Ehre, sondern auch für das Volk Israel selbst: »Lobe den Herrn, meine Seele, und vergiss nicht, was er dir Gutes getan hat«, singt David in Psalm 103 und animiert damit das ganze Volk, sich an die Güte Gottes zu erinnern.

Warum ist das so? Gott ist gut und alles, was er tut, ist von dieser Güte durchdrungen:

- Seine Schöpfung ist sehr gut! (1. Mose 1)
- Seine Gedanken und Pläne über die Zukunft sind gut. (Jeremia 28,11)
- Seine Güte wird uns unser Leben lang folgen. (Psalm 23)
- Nur Gott ist wirklich gut. (Jesus in Lukas 18,19)
- Die Güte Gottes ist so umfassend, dass sie die ganze Erde erfüllt. (Psalm 33,5)
- Es ist Gottes Güte, nicht etwa sein Zorn, der uns dazu bringt, Buße zu tun. (Römer 2,4)
- Auch sein Gericht ist ein Zeichen für Gottes Güte: Er richtet alles, was gebrochen ist, was tot ist, um Leben zu ermöglichen. (Offenbarung 16,5-7)

Dankbarkeit auszusprechen ist so, als würdest du ein inneres Fenster öffnen, durch das die Güte Gottes in dein Leben hineinkommen kann.

Die Psalmen helfen uns nicht nur dabei, die verheißene Freude im Herrn zu erleben. Sie sind auch voller Lieder und Gebete, die Gott direkt ihren Dank ausdrücken. In den Psalmen werden wir in die Dankbarkeit von David, Asaf und den anderen Psalmisten mit hineingenommen. Wir dürfen ihre Worte nutzen und mit ihnen Gott von Herzen danken. So üben wir gleichzeitig eine gesunde Gewohnheit ein und stärken unsere Dankesmuskeln.

Ich wünsche mir schon lange, ein dankbarer Mensch zu sein. Weil ich weiß und glaube, dass sich Gottes Güte durch ein dankbares Herz in mir ausbreiten kann. Leider bin ich nicht dankbar geboren. Dankbarkeit ist keine Eigenschaft oder kein Gefühl, das sich bei mir so nebenbei einstellt. Nein, ich muss mich immer wieder an Gottes Güte erinnern. Trainieren wir gemeinsam:

Aktivierung

BLICK NACH INNEN

Was hat Gott für dich getan? Wofür bist du gerade jetzt dankbar? Halte hier ein Erlebnis mit Gott aus dieser Woche fest, eines aus dem letzten halben Jahr und eines, das für dein ganzes Leben entscheidend war.

Was könnte dich an die Güte Gottes erinnern? Ein Bild? Eine Kerze? Ein Geschenk? Wo könntest du die sichtbare Erinnerung an Gottes Güte platzieren?

Warum fällt es so schwer, dankbar zu bleiben?

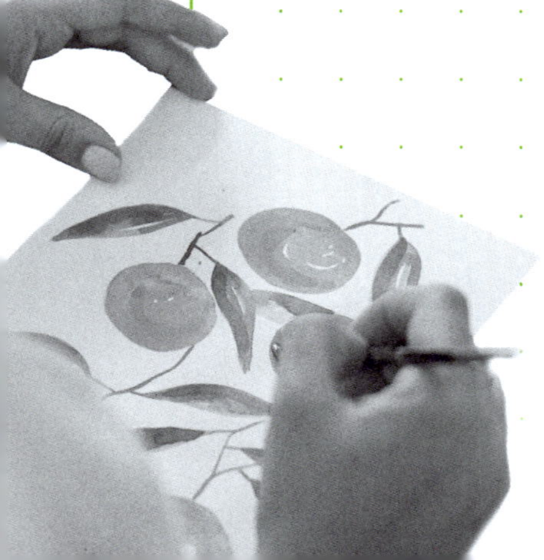

Ich *will* Gott danken

» Immer und ewig will ich dir danken, Herr, mein Gott!
Psalm 30,13; HFA

» Herr, ich will dir danken vor den Völkern, vor allen Menschen will ich dir singen.
Psalm 57,10

» Dann will ich dich loben mit meinem Lied; ich will deinen Namen rühmen und dir danken!
Psalm 71,22

» Du bist mein Gott, dir will ich danken. Mein Gott, dich allein will ich ehren!
Psalm 118,28

Dank für Hilfe und Schutz

» Ich aber will von deiner Macht singen und des Morgens rühmen deine Güte; denn du bist mir Schutz und Zuflucht in meiner Not.
Psalm 59,17

» Ich danke dir, Herr, dass du mich erhört hast und mir zum Helfer wurdest.
Psalm 118,21; NGÜ

» Gott aber sei Dank, der uns den Sieg gibt durch unsern Herrn Jesus Christus!
1. Korinther 15,57

Gebet

SCHRITT NACH AUSSEN

Lieber Vater,
dir will ich heute danken. Ich danke dir dafür, dass du mich wunderbar gemacht hast. Das erfüllt mich mit Ehrfurcht, wie es in Psalm 139 steht.
Ja, ich habe erkannt: Deine Werke sind wunderbar! Auch ich.
Danke für mein Leben! Es ist alles andere als selbstverständlich, dass ich leben und atmen darf. Danke von Herzen dafür! Meine Seele darf heute neu erkennen: Gott ist gut. Immer und in alle Ewigkeit.
Danke dafür, dass ich dein Kind sein darf und dass du mein Vater bist! Du bist mir Vater und Mutter, du bist Heimat und Geborgenheit. Bei dir bin ich zu Hause. Danke für deine Liebe. Du hältst mich in deiner Hand. In deiner Hand bin ich geborgen. Danke, lieber Vater!
Danke für diesen heutigen Tag. Es ist ein neuer Tag, du hast ihn wunderbar gemacht. Jeden Morgen ist deine Güte und Treue neu für mich da. Ich danke dir dafür!

Singe deinem Gott ein Dankeslied. Es kann dieses Lied sein oder du singst ein eigenes.

Ich will dir danken, Herr, unter allen Erdenvölkern

8

Gott will, dass alle Menschen zu ihm kommen und die Wahrheit erkennen

GEBET FÜR MENSCHEN, DIE GOTT NOCH NICHT KENNEN

Sein Wille ist es, dass alle Menschen gerettet werden
und zur Erkenntnis der Wahrheit kommen.
1. Timotheus 2,4; DBU

Ich habe ein klares Bild in meinem Kopf, wenn ich das Wort »missionieren« höre. So, wie ich geprägt bin, heißt das, Traktate auf der Straße an wildfremde Menschen zu verteilen. Heute gibt es wunderbare Initiativen wie *Fresh X* und viele andere Bewegungen, die sich bemühen, das Evangelium in einer Weise weiterzugeben, wie es den Menschen und ihrer Lebenswelt heute entspricht und so Relevanz hat. Doch warum missionieren Menschen überhaupt? Was motiviert uns dazu, anderen das Evangelium weiterzugeben – sprich, anderen von Jesus und dem Reich Gottes zu erzählen?

Es ist die Sehnsucht danach, dass alle Menschen Zugang zum Reich Gottes haben können. Das zumindest ist Gottes ureigene Sehnsucht, die er auch in unser Herz legen will. Er lädt uns ein, in seine Herzenssehnsucht mit einzusteigen und mit unseren Gebeten für die Menschen einzustehen, die wir lieben oder die Gott uns aufs Herz legt.

Schauen wir einmal aus dem Blick Gottes auf die knapp 8 Milliarden Menschen dieser Erde. Nicht durch meine Brille, nicht durch deine Brille, sondern durch die Brille des Schöpfers und Menschen-Vaters:

Jeder einzelne Mensch ist aus Liebe entstanden. Nicht nur aus der Liebe zwischen zwei Menschen. Nein, aus der Liebe Gottes. Er hat sich jeden einzelnen Menschen ausgedacht und ihn ins Leben gerufen. Was für ein Menschenliebhaber Gott sein muss! Die Liebe, aus der heraus Gott Menschen erschafft und sie in diese Welt hineingebiert, ist so ein großer Gegensatz zur menschlichen Liebe, dass wir ein Leben lang und darüber hinaus brauchen, um diese Liebe zu erkennen und an uns heranzulassen:

» (Seine) Liebe ist geduldig, Liebe ist freundlich. Sie kennt keinen Neid, sie spielt sich nicht auf, sie ist nicht eingebildet. Sie verhält sich nicht taktlos, sie sucht nicht den eigenen Vorteil, sie verliert nicht die Beherrschung, sie trägt keinem etwas nach. Sie freut sich nicht, wenn Unrecht geschieht, aber wo die Wahrheit siegt, freut sie sich mit. Alles erträgt sie, in jeder Lage glaubt sie, immer hofft sie, allem hält sie stand. Die Liebe vergeht niemals.

1. Korinther 13,4.8; NGÜ

Aus dieser Liebe hat er die Menschen »je und je geliebt« und zu sich gezogen, »aus lauter Güte« (Jeremia 31,3). Ich selbst bin noch weit davon entfernt, diese Liebe zu den Menschen, die Gott hat, verstanden zu haben. Deswegen bitte ich Gott immer wieder, mir seine Sicht auf Menschen zu zeigen. Und ich bitte ihn ganz schlicht und einfach um Liebe, wenn sie mir fehlt. Es ist echt cool, dass Gott überhaupt nichts von uns verlangt, sondern alles, was wir als Anspruch wahrnehmen, gleich selbst großzügig schenkt. Da ist kein Druck und kein Anspruch, sondern Einladung und Fülle, ganz in das hineinzukommen und zu empfangen, was *er* ist und hat.

Gott hat sich seit jeher ein Volk gewünscht, das ihn erkennt, anbetet, liebt. Er schuf uns als sein Gegenüber. Von Anfang an wollte er Gemeinschaft mit uns. Die ganze biblische Geschichte, angefangen bei der Erschaffung des Menschen, über Gottes Bund mit Abraham und dann Mose, der Zersplitterung Israels in zwei Reiche, über die Zeit der Gottesferne im Exil, über unsere Erlösung durch den stellvertretenden Tod von Jesus Christus und die Erwartung der Hochzeit des Lammes und des »neuen Jerusalem«, der Wohnstatt Gottes bei den Menschen – alles erzählt von diesem Verlangen und der Sehnsucht Gottes nach einem heiligen Volk, das Gott gehört.

Was er sich vornimmt, wird er auch tun. Der Prophet Jesaja (im Kapitel 56) bringt die Verheißung, dass Gott selbst dabei ist, sein Volk unter den Menschen zu sammeln, noch mehr Menschen dazuzufügen und sie alle zu seinem heiligen Berg, zu seinem Wohnort, zu führen.

Wenn dein Herz schon dafür schlägt, dass Menschen zu Jesus finden und Gottes Reich als Heimat kennenlernen: Sei ermutigt, dafür zu beten, dass Gottes Wille geschieht und dass er seine Menschen sammelt, wie er es gesagt hat. Wenn es in deinem Herz noch keinen Raum für diesen Herzenswunsch Gottes gibt, lass dich einladen, Raum zu schaffen.

Gottes Herz für die Menschen

» Zerreißt eure Herzen und nicht eure Kleider und kehrt um zu dem Herrn, eurem Gott! Denn er ist gnädig, barmherzig, geduldig und von großer Güte.
Joel 2,13

» Denn Gott hat der Welt seine Liebe dadurch gezeigt, dass er seinen einzigen Sohn für sie hergab, damit jeder, der an ihn glaubt, das ewige Leben hat und nicht verloren geht.
Johannes 3,16; NGÜ

» Kehrt um zu mir, spricht der Herr Zebaoth, so will ich zu euch umkehren, spricht der Herr Zebaoth.
Sacharja 1,3

» Das kommt daher, dass er uns in ihm, in Jesus, dem Messias, auserwählt hat, bevor überhaupt das Weltall entworfen wurde. Sein Ziel dabei war: Wir sollten heilig und ohne jeden Fehler oder Tadel vor ihm sein. Das bewirkt seine Liebe. Ja, Gott hat uns schon vorher dazu bestimmt, dass wir von ihm als seine rechtmäßigen Kinder angenommen werden. Auch das wurde möglich durch den Messias Jesus. So entsprach es dem, was er wollte und als gut und richtig ansieht, und so soll seine freundliche Zuwendung umso mehr aufstrahlen. Diese Gnade hat Gott uns geschenkt durch den, auf den seine ganze Liebe gerichtet ist, Jesus. Durch ihn haben wir die Vergebung, die uns durch sein vergossenes Blut geschenkt ist, ja, die Befreiung von jeglicher Schuld, die wir auf uns geladen haben. Auch das geschieht durch den Reichtum seiner wunderbaren Gnade. Die hat er uns in überfließendem Maß geschenkt, zusammen mit seiner Weisheit und Einsicht.
Epheser 1,4-8; DBU

» Die Zeit ist erfüllt, und das Reich Gottes ist nahe herbeigekommen. Tut Buße und glaubt an das Evangelium!
Markus 1,15

Aktivierung

BLICK NACH INNEN

Welche Person liegt dir heute am Herzen? Was sagt Gott dir über sie? Wofür kannst du beten? Wofür hast du Glauben?

Nimm dir in dieser Woche dafür bewusst Zeit, durch die Brille Gottes auf die Menschen zu schauen. Das kannst du tun, indem du die Texte dazu im Wort immer wieder liest.

Gebet

SCHRITT NACH AUSSEN

Gebet für die Menschen

Vater, du bist ein Gott der Liebe! Danke, dass du gnädig, barmherzig, geduldig und von großer Güte bist (Joel 2,13). Das übertrifft nicht nur alle meine Erwartungen, sondern auch alle meine Vorstellungen!

Dein Wort sagt in Johannes 3,16: Du hast deinen einzigen Sohn für .... (füge hier jeweils den Namen der Person ein, für die du beten möchtest) hergegeben, damit er/sie das ewige Leben hat und nicht verloren geht. Das sprengt meine Vorstellungen! Ich danke dir von Herzen dafür! Und du hast das schon getan, als noch niemand an dich geglaubt hat. Wow.

Wende dein Herz Gott zu, ..., so will Gott zu dir umkehren (Sacharja 1,3)! Er liebt dich so sehr!

In Jesus, dem Messias, hat Gott dich, ..., auserwählt, bevor überhaupt das Weltall entworfen wurde. Sein Ziel dabei war: Du solltest heilig und ohne jeden Fehler oder Tadel vor ihm sein. Das bewirkt seine Liebe und das gilt auch für dich, ... Ja, Gott hat dich schon vorher dazu bestimmt, dass du von ihm als sein rechtmäßiges Kind angenommen wirst. Auch das wurde möglich durch den Messias Jesus.

Diese Gnade hat Gott dir, ..., geschenkt durch Jesus! Durch ihn hast du Vergebung, die dir durch sein vergossenes Blut geschenkt ist, ja, die Befreiung von jeglicher Schuld, die du auf dich geladen hast! Auch das geschieht durch den Reichtum seiner wunderbaren Gnade. Die hat er dir, ..., im Überfluss geschenkt, zusammen mit seiner Weisheit und Einsicht (Epheser 1,4-8). Sei gesegnet, Gott dein Herz zuzuwenden!

9

Gottes Multiplikations-Segen

GEBET FÜR ALLE, IN DIE DU DEIN HERZ INVESTIERST

Vertrau auf den Herrn Jesus und du wirst gerettet werden, zusammen mit deiner ganzen Familie!
Apostelgeschichte 16,31; DBU

Bevor mein Mann und ich Kinder hatten, stellte ich mir das so vor: Wir picknicken gemütlich auf einer großen Wiese, und während die Kinder friedlich spielen, lese ich im Schatten eines großen Baumes ein Buch.

Dass vieles anders kommt, als man denkt, wird einem immer wieder gesagt, aber ganz offen gestanden: Geglaubt habe ich das nie. Ich war der felsenfesten Überzeugung, dass es bei uns ganz anders werden würde als bei allen anderen und dass die seltsamen Probleme, von denen andere Eltern berichteten, mit Fehlern in der Erziehung zusammenhängen würden. Oder mit der falschen Theologie.

Äh, ja.

Kinder sind wahrhaftig ein Geschenk Gottes und ein großer Segen. Wir sind unendlich dankbar, dass wir so beschenkt wurden.

Je älter sie werden, desto mehr staune ich, was für unwahrscheinlich faszinierende Persönlichkeiten sie sind. Sie überholen mich nicht nur in der Körpergröße, sondern unsere Beziehung verändert sich immer mehr ins gegenseitige Geben und Nehmen. Und trotzdem: Fünfzehn Jahre, vier Kinder und Dutzende von Elterngesprächen später bin ich hoffentlich etwas klüger geworden.

Von der Perle sagt man, dass sie unter Schmerzen entstanden ist. Sie war ein Fremdkörper, der ungefragt in eine Muschel eingedrungen ist, und die Muschel hat versucht, ihn mit Perlmutthüllen unschädlich zu machen. So könnte man Familie gut beschreiben. All die Fehler, die wir Eltern machen, diese ganze Hilflosigkeit, Angst und Wut, das Streiten und das Vergeben, das Hoffen und das Bangen – alles ist mit dabei. Wir sind fehlerhafte, bedürftige Menschen in einer unvollkommenen Welt.

Kinder aufzuziehen heißt auch, zu leiden. Mit dem Kind zu leiden, Ängste auszustehen, sich hilflos und beschämt zu fühlen. Es ist ein Auf und Ab der Gefühle, und wenn ich inzwischen etwas gelernt habe, dann ist es das: Ich bin jederzeit voll und ganz auf die Barmherzigkeit Gottes angewiesen. Und wenn ich dann mal beim Picknicken auf einer Wiese bin und Frieden herrscht, kann ich mein Glück kaum fassen! Dann will ich gar kein Buch lesen, sondern diesen Moment auskosten.

Vielleicht hast du keine leiblichen Kinder. Vielleicht bist du geistliche Mutter oder geistlicher Vater für andere Menschen. Jede Ermutigung, jedes Zeichen der Anerkennung, jede Stärkung, jedes Feedback, jedes Anleiten und An-die-Hand-Nehmen: All das und noch mehr brauchen wir Menschen, um zu wachsen, und das, was du weitergibst, tust du mütterlich oder väterlich.

Manchmal weiß ich gar nicht, was ich für das Wachstum meiner Kinder alles beten soll. Und darum frage ich immer wieder den, der es am besten weiß: Gott. Diese Art zu beten, die Graham Cooke

Crafted Prayer nennt, finde ich superhilfreich. Denn ich bete das, was ich gehört habe, und muss nicht jedes Mal das Rad neu erfinden, es sei denn, eine neue Zeit bricht an. Bei einem *Crafted Prayer* sind die Verheißungen Gottes nicht wörtlich in der Bibel zu finden, sondern in dem, was er uns individuell durch den Heiligen Geist gezeigt hat.

Ich lade dich ein, all deine Sorgen um deine Kinder oder die dir anvertrauen Menschen vor Gott zu bringen. Es sind *seine* Kinder! Er selbst hat sie sich voller Liebe ausgedacht, sie geformt und gestaltet, mit Persönlichkeitsmerkmalen und einzigartigem Aussehen ausgestattet. Und er hat diese wunderbaren, unvollkommenen Menschen uns anvertraut, weil wir in unserer Einzigartigkeit und Unvollkommenheit perfekt zu ihnen passen. Weil wir perfekt herausgefordert werden, perfekt ermutigt, perfekt trainiert, perfekt geformt. Vertrau dem himmlischen Vater, dass er deine ganze Familie im Blick hat. Dich als Vater oder Mutter, dein Kind oder deine Kinder, die dir anvertrauten geistlichen Kinder. Nichts tut er lieber, als für dich und euch zu sorgen!

Aktivierung

BLICK NACH INNEN

Wie geht es mir als Mutter oder Vater? Muss ich gerade jetzt etwas bekennen und darf Buße tun? Wo brauche ich genau jetzt Bestärkung? Wie sieht mich mein himmlischer Vater gerade jetzt an? Was sagt sein Blick?

Sei ermutigt, Gott für jedes deiner Kinder individuell zu fragen, was er tun möchte. Mir helfen folgende Fragen, die ich Gott stelle:

SCHRITT NACH AUSSEN

- Was ist deine Sicht für das Kind?
- Welche Gaben und Fähigkeiten hast du in mein Kind hineingelegt? Wie hast du es designt? Was sind deine Pläne und Gedanken? Wie siehst du es?
- Was braucht mein Kind gerade jetzt? Braucht es Weisheit? Kraft, Freude, Frieden etc.?
- Welches Wort gibst du mir gerade jetzt für mein Kind?

Gebet

Formuliere im Anschluss mit dem, was du gehört hast, ein Gebet und schreibe es auf eine Karte. Bete dieses Gebet immer wieder für dein Kind.

10

Gott verspricht, dass er dich tröstet

TRAUERN IN DER MÜTTERLICHEN UMARMUNG GOTTES

»Tröstet, tröstet mein Volk!«, spricht euer Gott.
Jesaja 40,1

Hagar war eine Frau, die sich in Umständen wiederfand, die sie sich so wohl nicht ausgesucht hatte. Ihre Mutterschaft war unter besonderen Bedingungen entstanden: Abram und Sarai nutzten die Fruchtbarkeit ihres Körpers als Mittel zum Zweck, um das Versprechen Gottes nach Nachkommen gewaltsam einzufordern. Hagar wurde ausgenutzt. Und als ihr bewusst wurde, dass sie ihrer Herrin Sarai körperlich überlegen war, ließ Hagar sie das spüren. Bald darauf erhielt sie die Quittung: Sarai rächte sich und war so fies zu ihr, dass Hagar flüchtete.

In der Wüste wurde sie vom Engel Gottes gefunden. Der ermutigt sie, wieder zurückzukehren und sich unter die Hand Sarais zu demütigen. Und dann offenbart der Engel Hagar die Pläne Gottes: unzählbare Nachkommen, und ihr Sohn wird ein Kämpfer sein. Hagar kann nicht glauben, dass Gott ihr nachgeht. Sich um sie, eine davongelaufene Magd, kümmert. Sie ruft aus: »Ich bin tatsächlich dem begegnet, der mich sieht!« Und dann gibt sie, die Magd, Gott einen Namen: »Du bist der Gott, der mich sieht.«

Gott will uns trösten. So sehr, dass er seinem Heiligen Geist den Namen »Tröster« gibt. Das ist nicht nur eine seiner Eigenschaften, sondern sein Hauptmerkmal, seine Persönlichkeit. Wir sollen ermutigt und getröstet werden, und Gott selbst wird unsere Tränen abwischen (Offenbarung 21,4).

» Gott sagt nicht, wir dürfen nicht traurig sein! Er sagt, dass er in unserer Traurigkeit unser Trost sein will.

Gottes Trost ist das »Ich bin mit dir«. Sein Mit-Leiden und Mit-Gehen.

Mein Mann und ich wissen, dass Gott mit unserem Kind ist, das zurzeit täglich geknickt zur Schule geht, weil es mit den Abläufen und der Struktur große Mühe hat. Diese Mühe drückt sich in seinem Verhalten aus, von dem wir regelmäßig Bericht erhalten. Von der anfänglichen Freude und Neugier spüren wir nur noch sehr wenig. Wir sind dankbar zu wissen, dass Jesus quasi mit ihm die Schulbank drückt und alles sieht: die heruntergeschluckten Tränen, die Hilflosigkeit, die Scham, die Auseinandersetzungen, auch das Schöne. Er ist mit unserem Kind. Er sieht es, wie er Hagar gesehen hat. Und: Er sieht dich und ist an deiner Seite. Ja, er lebt in dir, ist dir so nahe wie du dir selbst manchmal nicht.

Jesus sagte: »Ihr werdet traurig sein, doch eure Traurigkeit soll zur Freude werden« (Johannes 16,20). Er redete das nicht vom sicheren Himmel herab, sondern ihm stand in diesem Moment der Tod bevor. Er war selbst von Angst und Grauen gepackt, wie wir später lesen werden, und seine Seele war zu Tode betrübt (Markus 14,33-34). Er ertrug die Schande und das Verspottetwerden, ohne sich zu wehren. Und in dieser Stunde der größten Verlassenheit und Angst verspricht er seinen Jüngern, dass Gott ihre Traurigkeit in Freude verwandeln wird und dass sein himmlischer Vater sie trösten wird.

Dieser Trost gilt auch uns heute.

Aktivierung

BLICK NACH INNEN

Für welche Situation brauchst du den Trost Gottes gerade jetzt? Was sagt er zu dir?

Trostquellen

Ich darf meinem Schmerz Raum geben

» Wie lange noch, Herr, willst du mich vergessen? ... Wie lange noch willst du dich vor mir verbergen? Wie lange noch muss ich unter tiefer Traurigkeit leiden und den ganzen Tag Kummer in meinem Herzen tragen? Wie lange noch darf mein Feind auf mich herabsehen?
Psalm 13,2-3; NGÜ

» Mein Gott! Ich rufe am Tag, doch du antwortest nicht, ich rufe in der Nacht und komme nicht zur Ruhe.
Psalm 22,3; NGÜ

» Ich bin in Tränen aufgelöst vor Kummer.
Psalm 119,28; NGÜ

Gott verspricht, mir zu helfen

» Ich hebe meine Augen auf zu den Bergen. Woher kommt mir Hilfe? Meine Hilfe kommt vom Herrn, der Himmel und Erde gemacht hat. Er wird deinen Fuß nicht gleiten lassen, und der dich behütet, schläft nicht.
Psalm 121,1-3

» Und es soll geschehen: Ehe sie rufen, will ich antworten; wenn sie noch reden, will ich hören.
Jesaja 65,24

» Ihr werdet mich suchen und finden; denn wenn ihr mich von ganzem Herzen suchen werdet, so will ich mich von euch finden lassen.
Jeremia 29,13-14

Welche der Zusagen aus diesen Trostquellen sprechen zu dir? Wie kannst du ausdrücken, dass du sie nimmst?

Fülle dich mit dem, was Gott dir mitten in deinem Schmerz verspricht: Hier findest du noch zusätzliche Bibelstellen zum Lesen, Aussprechen, Im-Herzen-Bewegen, Visualisieren, Tanzen, Auswendiglernen, Aufschreiben, Singen oder Tanzen.

SCHRITT NACH AUSSEN

Energiequelle bei Schmerz

» Dennoch bleibe ich stets an dir; denn du hältst mich bei meiner rechten Hand, du leitest mich nach deinem Rat und nimmst mich am Ende mit Ehren an. Wenn ich nur dich habe, so frage ich nichts nach Himmel und Erde. Wenn mir gleich Leib und Seele verschmachtet, so bist du doch, Gott, allezeit meines Herzens Trost und mein Teil.
Psalm 73,23-26

» Ich will euch trösten, wie einen seine Mutter tröstet.
Jesaja 66,13

» Gott wird abwischen alle Tränen von ihren Augen.
Offenbarung 7,17

Gebet

Ich danke dir, Vater, dass du der Gott des Trostes bist (Römer 15,5). Ja, es ist wahr: Du bist der Gott des Trostes. Das ist dein Wesen! Und dein Heiliger Geist, den du zu uns geschickt hast, damit er bei uns ist, ist der Tröster (Johannes 16,7). Auch für mich.
Ich danke dir für diese Wahrheit. Mein Herz erkennt und glaubt – und du darfst diese Wahrheit wirklich glauben, mein Herz! –, dass du der Gott des Trostes bist und dass dein Heiliger Geist der Tröster ist. Du bist voller Trost und voller Güte! Ja, Trost ist dein Wesen!
Vater, mein Schmerz ist dir nicht verborgen. Nein, du zählst meine Tränen, steht in Psalm 56,9. Dafür danke ich dir.
Ich danke dir auch dafür, dass du selbst getrauert hast. Du hast selbst gelitten und getrauert und warst betrübt.

Darum wirst du ein Hohepriester genannt, der mit uns mitleiden und mitfühlen kann (Hebräer 4,15).
Danke dafür, dass du wie eine Mutter tröstest (Jesaja 66,13). Du bist mir nicht nur Vater, sondern auch Mutter. Du bist alles für mich! Alles, was ich brauche und je brauchen werde! Dafür danke ich dir von Herzen!
Ja, ich will meinem Schmerz Raum geben. Du siehst meinen Schmerz! Ich bringe ihn jetzt vor dich mit all den Gefühlen der Verzweiflung und der Trauer:

. . . .

. . . .

. . . .

. . . .

. . . .

Danke, Vater, dass du meinen Schmerz siehst. Er ist in deiner Hand. Du trägst ihn und hast ihn getragen. Nichts ist dir zu schwer. Und ja, mein Schmerz ist real. Ich muss ihn nicht wegbeten. Ich darf ihn vor dich bringen.
In meinem Schmerz bekenne ich deine Realität:
Du bist der Gott, der mich sieht. Du bist der Helfer. Du tröstest mich wie eine Mutter. Du bist meine Hilfe. Du bist mein Trost. Ja, du beeilst dich, mir zu helfen. Du hast die Erde und den Himmel aus dem Nichts heraus erschaffen. Du bist allmächtig, und du bist stark. Ich weiß, auch für diese Situation .... (füge ein, wo du dir Trost wünschst) hast du Lösungen bereit. Danke, himmlischer Vater.
Mein Herz liebt deinen Trost. Ich nehme deinen Trost an. Ich gebe ihm jetzt Raum. Danke, Vater!

Von guten Mächten treu und still umgeben,
behütet und getröstet wunderbar,
so will ich diese Tage mit euch leben
und mit euch gehen in ein neues Jahr.
Von guten Mächten wunderbar geborgen,
erwarten wir getrost, was kommen mag.
Gott ist mit uns am Abend und am Morgen
und ganz gewiss an jedem neuen Tag.

Dietrich Bonhoeffer

Bei Gott bin ich geborgen,
still wie ein Kind.
Bei ihm ist Trost und Heil.
Ja, hin zu Gott
verzehrt sich meine Seele.
Kehrt in Frieden ein.

Taizé-Kommunität

11

Gott hat verheißen, dass er uns in die Ruhe führt

DEN SABBAT ENTDECKEN

Gottes Volk erwartet also bis heute die Zeit der Ruhe, den wahren Sabbat. Wer zu dieser Ruhe gefunden hat, wird von aller seiner Arbeit ausruhen können, so wie Gott am siebten Schöpfungstag von seinen Werken ruhte.

Hebräer 4,9-10; HFA

Alle sind ausgeflogen, Ruhe breitet sich aus. Ich sitze an meinem Laptop und arbeite konzentriert. Es ist auffallend still.

Still ist es in unserem Haus und da, wo wir arbeiten, selten. In der Kirche und im Café, wo mein Mann und ich beide mitarbeiten, summt es meistens wie in einem Bienenstock. So auch in unserem Haus. Kein Klingeln an der Haustür. Kein Anruf. Kein Kind, das seine Jacke in die Ecke wirft und fragt, was es zum Mittagessen gibt. Heute ist es ruhig. Äußere Ruhe.

Bemerkenswert ruhig ist es auch in mir drin. Ich arbeite konzentriert und komme voran. Später werde ich sagen, ich sei im

Flow gewesen, denn ich habe nicht wie an anderen Tagen alle zwei, drei Minuten nachgeschaut, ob eine E-Mail angekommen ist. Nicht dass ich jeweils eine erwarten würde. Aber man kann sich ja nie ganz sicher sein, ob das Leben nicht gerade an einem vorbeizieht. Auch ein regelmäßiger Blick in die sozialen Medien ist wichtig. Wer weiß, ob jemand etwas kommentiert oder gar ein Herz dagelassen hat!

Ruhe. Sie ist das, wonach ich suche und mich sehne. Ich kann sie leider auch nicht auf Knopfdruck herstellen. Sie ist nicht ein alltäglicher Gast, der jeweils um neun Uhr vormittags anklopft und sich kurz vor dem Mittagessen höflich verabschiedet. Nein, die innere Ruhe ist ein Geschenk, das ich herzlich umarme und willkommen heiße. Ein Gast, von dem ich hoffe, dass er nie mehr gehen möchte. Aber der Unruhe kann ich auf die Spur kommen. Sie ist, wie Ärger und Neid, ein innerer Seismograf. Ein Anzeiger, der etwas über mein Herz offenbart: eine Sorge, Leistungsdruck, Angst.

Sei ermutigt, dem Grund für deine Unruhe auf die Spur zu kommen. Und gleichzeitig eingeladen, in die Ruhe Gottes einzutreten wie in einen einladenden, wunderschönen Raum!

Gott kennt unsere Unruhe, sei sie nun durch inneren oder äußeren Druck verursacht. Darum hat er einen Ruhetag erschaffen: den Sabbat. Mit dem Sabbat wird uns Ruhe von Gott nicht nur verheißen, sondern angeordnet. Gott selbst hat den Ruhetag für heilig erklärt:

» Denn in sechs Tagen habe ich, der Herr, den Himmel, die Erde und das Meer geschaffen und alles, was lebt. Aber am siebten Tag ruhte ich. Darum habe ich den Sabbat gesegnet und für heilig erklärt.
2. Mose 20,11; HFA

Heilig. Ich singe zwar im Gottesdienst, dass Gott heilig ist, aber was bedeutet »heilig« wirklich? Das hebräische Wort *qāḏaš* bedeutet »weihen, heiligen, widmen, bereitstellen, angebetet sein, heilig sein, geweiht sein, getrennt sein, gesondert sein«.[8] Als erste Unterbedeutung steht dazu: »ausgesondert, gesegnet, geweiht«. Christina Schöffler schreibt in *Slow Living. Aus der Ruhe leben*:

> Hier hilft mir der Blick auf das jüdische Verständnis des Schabbats, das in dem Gedanken wurzelt, dass die Schöpfung der Welt nur dadurch möglich wurde, dass Verschiedenartiges voneinander getrennt wurde: Tag und Nacht. Land und Wasser. Und der Schabbat von den Wochentagen. Alles wirkt zusammen in einem großen Lebensrhythmus.[9]

Wenn ich lese, dass Gott den Sabbat geheiligt und ausgesondert hat, dann will ich mit Sehnsucht in diese Ruhe eintreten. Gottes heilige Ruhe ist wahre Ruhe.

Was sagt Gott über Ruhe?

» Ich liege und schlafe ganz mit Frieden; denn allein du, Herr, hilfst mir, dass ich sicher wohne.
Psalm 4,9

» Nehmt auf euch mein Joch und lernt von mir; denn ich bin sanftmütig und von Herzen demütig; so werdet ihr Ruhe finden für eure Seelen.
Matthäus 11,29

» Es ist also noch eine Ruhe vorhanden für das Volk Gottes.
Hebräer 4,9

Aktivierung

BLICK NACH INNEN

Was beunruhigt mich gerade jetzt? Was treibt mich zur Hektik oder Rastlosigkeit an? Erkenne ich, was hinter meiner Unruhe steckt?

Meine Hoffnung und meine Freude

SCHRITT NACH AUSSEN

Gebet

»Es ist eine Ruhe vorhanden für das Volk Gottes«, sagt dein Wort in Hebräer 4,9. Danke, lieber Vater, dass du das extra erwähnst! Du kennst mich so gut und weißt, wie schnell mein Herz sich beunruhigen lässt.
Danke für die Ruhe, die du uns verheißt! Ich nehme diese Ruhe jetzt an. Ich trete in sie ein und gebe ihr Raum. Danke.
Ja, Tag und Nacht sorgst du für mich! Du bist durch und durch entspannt, und du willst auch uns diese Entspannung und Ruhe schenken. Ja, auch in der Nacht liege und schlafe ich ganz mit Frieden; denn allein du, Herr, hilfst mir, dass ich sicher wohne und bin (Psalm 4,9). Du wachst über meinen Tagen und meinen Nächten. Danke, lieber Vater!

12

Gott verheißt uns seine Ordnung

KAPITULATION IM CHAOS

Manchmal wächst mir alles über den Kopf. So fühlt es sich zumindest an, wenn mehrere Bereiche meines Lebens gleichzeitig unübersichtlich werden. Kommt dann noch die Unordnung in unserem Haus dazu, bin ich vollends im Chaos. Meine Vielseitigkeit wird mir in solchen Momenten zur Last. Denn ich mag, wenn viel los ist, und gleichzeitig brauche ich Ordnung und Überblick.

Wie gut, dass Gott kein Chaos zu groß ist, dass er immer den Überblick und die Kontrolle hat und ich ihm mein Chaos vor die Füße werfen darf. Anders als im echten Leben stellt nämlich allein die Kapitulation die Ordnung im Inneren wieder her.

Gott ist ein Gott der Ordnung. Werfen wir einen Blick auf den Beginn der Erde. Dort herrschte buchstäbliches Tohuwabohu. Nicht nur in einem individuellen Leben, sondern überall. Gott schafft Ordnung, indem er zu sprechen beginnt. Seine Worte sortieren Materie: »Nachdem Gott den Himmel und die Erde geschaffen hatte, erschuf er das Licht, um es von der Dunkelheit zu trennen« (1. Mose 1,3-4).

Das Licht und die Finsternis bringen die Zeit hervor: Abend und Morgen, die zusammen einen Tag ergeben. Bevor Erde und Himmel getrennt wurden – und so überhaupt Raum für die Erde entstand –, muss alles eine einzige riesige Wassermasse gewesen sein. Nach diesem zweiten Tag entstehen dann Himmel und Erde. Danach geschieht etwas Geheimnisvolles:

» Gott befahl: »Im Wasser soll sich ein Gewölbe bilden, das die Wassermassen voneinander trennt!« So geschah es: Er machte ein Gewölbe und trennte damit das Wasser darüber von dem Wasser, das die Erde bedeckte. Das Gewölbe nannte er Himmel.

1. Mose 1,6-8; HFA

Gott schafft mehr Ordnung: Er trennt das Wasser vom Land, damit wir bauen, wohnen, pflanzen und baden gehen können. Die Umrisse der Kontinente werden nun sichtbar. Als Nächstes erschafft Gott die Pflanzenwelt – jede einzelne Pflanze nach ihrer Art.

Der Mensch wurde in eine perfekte und wohltuende Ordnung hinein erschaffen. Und an seinen Werken können wir erkennen, wie Gottes Wesen ist: »Das, was zu seinem unsichtbaren Wesen gehört, kann schon seit Erschaffung der Welt anhand seiner Schöpfungswerke mit dem Verstand begriffen und angeschaut werden«, beschreibt Paulus später (Römer 1,20; DBU).

Höchste Zeit, diesen wunderbaren Gott in all unser Chaos hineinsprechen zu lassen!

Aktivierung

BLICK NACH INNEN

Welche »Baustelle« gibt mir heute das Gefühl, im Chaos gefangen zu sein? Vater, worauf lenkst du heute meinen Blick? Und wo spiegelt sich deine Ordnung wider?

Gebet

Lieber Vater,
du hast die Erde in einer vollkommenen, heiligen Ordnung erschaffen. Mein Herz erkennt: Du hast die volle Kontrolle. Du schaffst Ordnung. Du bringst Licht ins Dunkel. Dir gehören Zeit und Raum. Du bist der allerbeste Ort, wo ich mit meinem Chaos hinkommen kann.

SCHRITT NACH AUSSEN

Mein Herz erkennt: Bei dir ist Raum für mich. Für alles, was mich bewegt. Das größte Chaos ist kein Problem für dich! Du schaffst Ordnung, bringst Licht ins Dunkel. Du sortierst und trennst und unterscheidest. Dafür danke ich dir.
Ich ehre dich als einen Gott, der vollkommene Ordnung in jedes Chaos bringen kann. Ich preise dich als einen Gott, der Licht ins Dunkel bringt. Du bist der wunderbare Schöpfer, der alles erschaffen hat!
Und so lege ich dir mein Chaos hin: ....
All das gebe ich dir, und ich spreche aus, dass dir nichts zu groß oder zu klein ist. Du bist der allmächtige Schöpfer, und dir vertraue ich alles an. Restlos alles!
Danke!

Aktion

Durch Ordnung können wir Lebensraum schaffen. Vielleicht magst du heute in einer Ecke damit beginnen. Aber zuerst bist du eingeladen, Gottes Ruhe in dein Herz zu lassen. Die ist schon da, bereit für dich.

- Tritt bewusst in die Ruhe Gottes ein. Die Ruhe Gottes ist ein Raum, in dem du jederzeit willkommen bist. Danke Gott für die verheißene Ruhe und tritt bewusst in diesen Raum ein. Auch wenn es nur fünf Minuten sind: Nimm dir heute, vielleicht gleich jetzt, Zeit.

- Atme in diesem Raum der Ruhe einfach ein und aus. Gott ist da.
- Wenn deine Gedanken umherspringen wie ein ausgelassenes Fohlen, dann suche dir einen Bibelvers – die heutige Losung, einen Psalm, deinen Taufspruch, einen der Verse aus den vergangenen Einheiten, der zu dir gesprochen hat – und lies ihn mehrmals langsam durch.
- Wenn du Lust hast: Räume eine kleine Ecke in deinem Haus, einen Fenstersims, die Dinge auf dem Esstisch oder etwas auf und verschaffe dir so auch visuell »Luft«.

13

Gottes Plan ist Einheit wie im Himmel so auf Erden

DAS HOHEPRIESTERLICHE GEBET

Der Gott aber der Geduld und des Trostes gebe euch,
dass ihr einträchtig gesinnt seid untereinander,
wie es Christus Jesus entspricht. Darum nehmt einander an,
wie Christus euch angenommen hat zu Gottes Ehre.
Römer 15,5-7

Vor einiger Zeit hatte ich eine Buchlesung in einem kleinen Städtchen. Ich nahm eine Freundin mit, und beim anschließenden Apéro wurden wir beide in persönlichen Gesprächen mit vielen Fragen gelöchert. Fragen, die die Anwesenden vielleicht schon lange mit sich herumtrugen. Auf dem Nachhauseweg wurden wir nachdenklich. Wir hatten beide den Eindruck, als seien diese Menschen ziemlich allein mit dem, was sie beschäftigte. Es fühlte sich beinahe so an, als ob sie keinen Ort hatten, um über geistliche Dinge zu sprechen, die sie offensichtlich stark beschäftigten. Meine Freundin und ich fanden einmütig: Wie schön, dass wir in eine Gemeinschaft eingebunden sind.

Ja, wir sind in eine Gemeinschaft »eingebunden«, wie man so schön sagt. Wir gehören zu einer Kirchgemeinde und sind je nach Interesse und Begabung in Gebetsteams unterwegs, in Hauskreisen, in praktischen Helfer-Teams und in Glaubenskursen. Wir essen sonntags nach dem Gottesdienst zusammen Pasta, wir feiern Feste, unsere Gottesdienste sind generationenübergreifend. Es herrscht eine große Freiheit, wie der Glaube gelebt wird, und es kommen immer wieder neue Menschen dazu, zur Zeit vor allem junge Erwachsene. In unserem Viertel sind wir durch ein Café präsent, und wir bauen eine neue Kirche in einem Gebäudekomplex mit gemeinschaftlicher Wohnform und Co-Working-Space.

Aber auch bei uns ist der Lobpreis wahlweise zu lahm oder zu energisch, die Liturgie zu starr, die Orgel zu dominant oder zu wenig im Einsatz. Manche finden die Predigten zu kompliziert, anderen geht der Gottesdienst zu lange. Es herrscht Uneinigkeit darüber, wie lange einzelne Elemente des Gottesdienstes sein sollen. An Feiertagen finden sich zu wenige Freiwillige und es sind immer die Gleichen, die den Job dann machen. Es gibt Menschen, die die Gemeinde verlassen haben, weil sie hier nicht finden, was sie brauchen. So viel Schönes und Ermutigendes, so viel Unperfektes und Unbefriedigendes, gleichzeitig und nebeneinander.

Manchmal ähnelt unsere Gemeinschaft eher einer wilden Horde, die sich halb blind in unterschiedliche Richtungen bewegt und sich erheblich an den unterschiedlichen Vorstellungen der anderen stört. Wie einfach wäre es, mit Gott zu leben, gäbe es da nicht immer diese anderen. Es könnte so gemütlich sein, nur Gott und ich.

Ja, gemütlich könnte es sein. Gemütlich, unanstrengend, sogar sicher. Denn die Gemeinde ist nicht nur ein Ort der Sicherheit, des Wachstums, der Liebe untereinander und der Anbetung Gottes, sondern auch ein Ort, an dem viele Menschen verletzt werden. Es gibt Menschen, die nicht nur die Gemeinde verlassen haben, sondern die auch Gott den Rücken gekehrt haben. Das ist eine große Tragik. Gott hat sich das anders gedacht: »An eurer Liebe zueinander wird jeder erkennen, dass ihr meine Jünger seid« (Johannes 13,34-35), erklärt Jesus den Jüngern, wie ihre Gemeinschaft aussehen soll. Eine gewagte Prophezeiung, die Jesus macht, als er sich von seinen Jüngern verabschiedet. Etwas vom Letzten, das er ihnen mit auf den Weg geben möchte. Nicht gerade sein »letzter Wille«, wohl aber vergleichbar mit seinem letzten Herzenswunsch.

An der Liebe zueinander: nicht an unserer reibungslosen Organisation, an den transparenten Kommunikationswegen, daran, dass wir gabenorientiert arbeiten oder einen bestimmten Musikstil pflegen. Jesus lehrt seine Jünger nichts über Gemeindestrukturen. Es geht nicht um diese Dinge. Sondern darum, einander trotzdem lieben zu können. Denn vieles hat die Macht, Beziehungen anzuknacksen. Darum ist das Gebot der Liebe wohl das Herausforderndste, was Gemeinde zu bieten hat. Paulus erklärt im Brief an die Kolosser, wie diese Liebe praktisch aussieht:

> » Das sind die neuen Lebenseinstellungen, die ihr einüben sollt: barmherzige Zuwendung, Herzensgüte, Demut, Taktgefühl und Geduld. Sagt ein echtes Ja zueinander, so wie ihr seid, und vergebt einander immer wieder.
> *Kolosser 3,12-13; DBU*

Liebe heißt nicht: »Schwamm drüber! Ich beiße die Zähne zusammen und mache kein Aufhebens.« Oder: »Jetzt ist das Maß voll. Ich kann endgültig nicht mehr vertrauen.« Nein. Liebe ist eine mutige, entschlossene Entscheidung. Ein Ja dazu, die anderen so anzunehmen, wie sie sind, und ihnen immer wieder zu vergeben. Immer wieder! Wir müssen nicht andauernden Frieden haben. Das erwartet Gott gar nicht. Aber wir dürfen immer wieder neu aufeinander zugehen, uns vergeben und neu anfangen. Die Gemeinde ist der perfekte Ort, um einen Lebensstil der Versöhnung einzuüben. Sie ist ein Schutzraum und ein Ort, wo wir Fehler machen und lernen dürfen.

Und das ist erst der Anfang! In der Gemeinschaft ist Gott in besonderer Weise gegenwärtig. Ja, wir sind eine Gemeinschaft der Zerbrochenen, die immer wieder vergeben müssen und auf die Vergebung der anderen angewiesen ist. Aber gleichzeitig sind wir auch die Gemeinschaft der Heiligen. Uns folgen Zeichen und Wunder. Gottes Reich bricht durch uns in die sichtbare Welt hinein, und wir tragen es in unsere Umgebung, in unseren Alltag, in unsere Beziehungen, an unseren Arbeitsplatz. Das Reich Gottes ist mitten unter uns, die Gemeinde ist der Ort, wo wir einen neuen Lebensstil – die neuen Lebenseinstellungen – einüben dürfen.

Das muss nicht durch Kraftanstrengung und wilde Entschlossenheit geschehen. Auch die Gemeinschaft in Christus lebt vom Empfangen, denn es liegen Verheißungen auf unserer Einheit. David vergleicht sie mit dem Duft von wunderbarem Öl auf dem Kopf, das auf unsere Wangen fließt, und mit dem frischen Tau vom Berg Hermon, der auf die Berge Zions niederfällt (Psalm 133,2-3). Diesen Segen will Gott uns geben. Wagst du es, in diesen Segensraum einzutreten und alles von Gott zu erwarten, nicht von den Menschen? Bist du bereit, in diese geschenkte Liebe einzutreten?

Aktivierung

BLICK NACH INNEN

Vielleicht nicht von ungefähr wird Gott als »Gott der Geduld und des Trostes« (Römer 15,5) beschrieben, wenn es um die Einheit untereinander geht. Könnte es sein, dass wir in Bezug auf Gemeinde viel von beidem dringend benötigen? Falls ja, er hat es für uns bereit.

Was sind meine Erfahrungen? Welchen Segen habe ich durch Gemeinde erlebt? Welche Schmerzen? Wage ich es, meinen Erfahrungsraum von Gott neu füllen zu lassen?

Gebet

SCHRITT NACH AUSSEN

Bete mit den Worten von Jesus um Einheit:

Ich bete für unsere Geschwister und alle Menschen, die auf unser Wort hin an Jesus Christus glauben werden.

Ich bete dafür, dass wir alle eins sind – wir in Gott, so wie du, Vater, in deinem Sohn bist und dein Sohn in dir ist. Dann wird die Welt glauben, dass du den Sohn gesandt hast.

Die Herrlichkeit, die du Jesus gegeben hast, hat er auch uns gegeben, damit wir eins sind, so wie der Vater und der Sohn eins sind.

Jesus in uns und du in Jesus – so wollen wir zur völligen Einheit gelangen, damit die Welt erkennt, dass du den Herrn Jesus gesandt hast und dass wir von dir geliebt sind, wie dein Sohn von dir geliebt ist.

Nach Johannes 17,21-23

14

Gott verspricht, sich um deine Bedürfnisse zu kümmern

FREI VON SORGE

Unglaublich, aber wahr: Du kannst absolut frei von jeglicher Sorge leben! »Utopisch!«, sagst du?

Die einzige Sorge, die Gott von uns, seinen Kindern, gerade noch akzeptiert, ist die für das Heute. Sich um das Morgen sorgenvolle Gedanken zu machen, verbietet er uns: »Deshalb sorgt euch nicht um morgen – der nächste Tag wird für sich selbst sorgen! Es ist doch genug, wenn jeder Tag seine eigenen Schwierigkeiten mit sich bringt« (Matthäus 6,23; HFA).

» Wenn wir unsere Sorgen Gott geben, handeln wir nicht unverantwortlich, sondern sind schlicht gehorsam.

Einmal sorgte ich mich längere Zeit um einen nahestehenden Menschen. Er war in der Schule unter großem Druck, und es war höchst ungewiss, ob er diesem standhalten würde. Viel hing für ihn vom Ergebnis seiner Leistungen ab. Ich malte mir seine Verzweiflung aus, sollte er sein Ziel nicht erreichen. Und ich malte mir aus, was das mit seinem Gottvertrauen machen würde. Die Sorge wollte vom Morgen bis zum Abend nicht weichen.

Gleichzeitig rückte ein Abgabetermin eines Manuskripts immer näher. Zu diesem Zeitpunkt gab es für mich noch sehr viele Unklarheiten bezüglich des Texts, und es war nicht sicher, wie schnell ich vorankommen würde. Beim Schreiben hatte ich mich bis zu diesem Zeitpunkt noch nie unter Druck gefühlt, aber dieses Gefühl lernte ich jetzt kennen. Es war schwierig, denn Schreiben ist nicht Kochen. Egal was ist, ich kann ein Essen für sechs Personen pünktlich auf den Tisch stellen. Ich kann aus Resten in zehn Minuten ein Menü zaubern, wenn es sein muss. Schreiben ist anders. Ich muss fokussiert sein und mich gedanklich sortieren können.

Meine Gebete zu dieser Zeit waren ein stoßartiges »Bitte!« Richtung Himmel und ein geatmetes »Jesus!«. Diese wortkarge Verbindung mit Gott war zwar gut, aber der Stress war immer noch da. Irgendwann fragte ich Gott verzweifelt: »Was soll ich denn beten?!« Ein paar Minuten später hatte ich den Gedanken: »Wirf deine Sorge auf mich, *ich* sorge. Sowohl für diese Person als auch für dein Manuskript.«

Echt jetzt? Gott wollte für mich sorgen? Aber weiß er denn, wie ich es mir vorstelle? Macht er es gut? Ich fragte mich das tatsächlich. Aber ein wenig später »schmiss« ich mit einem Entschluss das ganze Sorgenpaket – den Menschen, das Geschreibsel – auf Jesus. Ich stellte mir vor, wie ich beides ans Kreuz hänge und so Jesus gebe: dem, der sorgt, der weiß und hilft. Meine Verzweiflung wich langsam einer inneren Ruhe. Ich bin immer wieder überrascht, dass es tatsächlich funktioniert.

Jesus ist derjenige, der den Menschen zuruft, die von Sorgen bedrückt durch den Alltag laufen:

» Kommt her zu mir, alle, die ihr mühselig und beladen seid; ich will euch erquicken. Nehmt auf euch mein Joch und lernt von mir; denn ich bin sanftmütig und von Herzen demütig; so werdet ihr Ruhe finden für eure Seelen. Denn mein Joch ist sanft, und meine Last ist leicht.
Matthäus 11,28-30

Die Versorgung Gottes beinhaltet nicht, dass jeder Wunsch erfüllt wird. Aber Gottes Versorgung beinhaltet, dass ich ein sanftes Joch bekomme. Das sanfte Joch, dass ich »Kind seines Hauses« bin. Er hält alles und jedes, alle Umstände und alles, was passiert, in seinen Händen. Er sorgt für mein Herz und dafür, dass sich alles in Segen verwandeln kann. Und dass ich das, wo ich keinen Segen sehe, in Frieden annehmen kann.

Dieser Gott hat sich als so vertrauenswürdig erwiesen, dass ich einfach weiß, dass bei ihm alles am richtigen Platz ist.

Gottes Meinung zu Sorgen

» Zermartert euch nicht mit Sorgen darüber, ob ihr genug zum Essen haben werdet! Macht euch auch keinen Kopf darüber, was ihr anziehen könnt! … Schaut genau hin: Die Vögel, die in der Luft umherfliegen, machen sich doch auch keine Sorgen! Sie säen nicht selbst, sie bauen sich keine Rücklagen auf und sammeln die Nahrung auch nicht in Vorratskammern. Und doch schenkt euer Vater, der über allen wacht, ihnen ihre Nahrung. Seid ihr nicht noch viel bedeutsamer als sie?
Matthäus 6,22-26; DBU

» Alles, was euch Sorge bereitet, werft auf ihn! Denn er trägt Sorge für euch.
1. Petrus 5,7

» Ihr steht frühmorgens auf und gönnt euch erst spät am Abend Ruhe, um das sauer verdiente Brot zu essen. Doch ohne Gottes Segen ist alles umsonst! Denen, die er liebt, gibt Gott alles Nötige im Schlaf!
Psalm 127,2; HFA

Aktivierung

BLICK NACH INNEN

Innere Gebete geben Halt. Es ist erwiesen, dass wiederholte Botschaften Persönlichkeitskerne in uns aufbauen, die krisenfest und sogar demenzbeständig sein können![10] Das heißt, es ist ein Vorteil, innere Sätze zu entwickeln, die uns ständig begleiten. Sabine Bobert erläutert, dass wir sowieso immer von inneren Sätzen »verfolgt« sind – Lieder-Hits aus der Jugendzeit, Werbeslogans oder was andere über uns aussprechen. Und auch unsere Sorgen sprechen zu uns. Andauernd diktieren sie uns angsterfüllte Sätze. Was könnte besser sein, als anstatt dieser Gedanken gute Worte zu wählen? Nimm die vorgegebenen oder deine eigenen Worte, bis du spürst, dass sie passen.

Gebet

Jesus Christus.
Einatmen: Jesus. Ausatmen: Christus.
Herr, erbarme dich.
Einatmen: Herr. Ausatmen: Erbarme dich.

Vater, erbarme dich.
Einatmen: Vater. Ausatmen: Erbarme dich.
Deine Gnade.
Deine Liebe.
Du bist da.
Du sorgst.

SCHRITT NACH AUSSEN

Übergib deine Sorgen Gott. In diesem Prozess begegnest du deinem eigenen Herz, Jesus durch das Kreuz, dem Vater und auch dem Heiligen Geist. Achte darauf, wie dir Gott begegnet, und lass dir von ihm dienen.

Proklamation

Mein Herz, du darfst alles, was dich sorgt, auf Jesus werfen (1. Petrus 5,7). Wie erleichternd!
Ja, ich entscheide mich gleich hier und jetzt, das zu tun: hier, fang, Jesus!
Danke, lieber Vater, dass du nicht willst, dass ich mich sorge – denn du tust es bereits, und das viel besser, erfolgreicher, mächtiger, als ich es je könnte.
Es gibt einen Ort für alle meine Sorgen: das Kreuz. Ich komme zum Kreuz und lege alles nieder, was mich bedrängt, bedrückt und besorgt.
Ja, ich lege .... nieder und lasse los.
Alles, was mir Sorge bereitet, werfe ich auf dich (1. Petrus 5,7). Das Kreuz ist mein Tor in die Freiheit! Es ist der Ort des Austausches: Ich gebe dir alles, was mich sorgt. Dann gehe ich durch dein Kreuz durch und komme an deinen Tisch der Versorgung, Vater.

Dort darf ich nehmen, was du mir gibst: Gnade, Gerechtigkeit, Frieden, Versorgung.
Und ich spreche diese Gnade, diese Gerechtigkeit, diesen Frieden und diese Versorgung jetzt über dem aus, was mir am Herzen liegt. Gnade, Gerechtigkeit, Frieden, Versorgung – das alles kommt von dir. Genau jetzt spreche ich sie aus über: .... (Ergänze deine Situation.)
Danke, dass du dich darum kümmerst. Sogar, wenn ich am Schlafen bin, gibst du mir alles, was ich nötig habe (Psalm 127,2). Danke dafür! Ich werde jetzt ruhig, weil ich weiß, dass du die Kontrolle übernommen hast. Ich lasse alles, worum ich mich sorge, jetzt los. Danke, ewiger Vater.

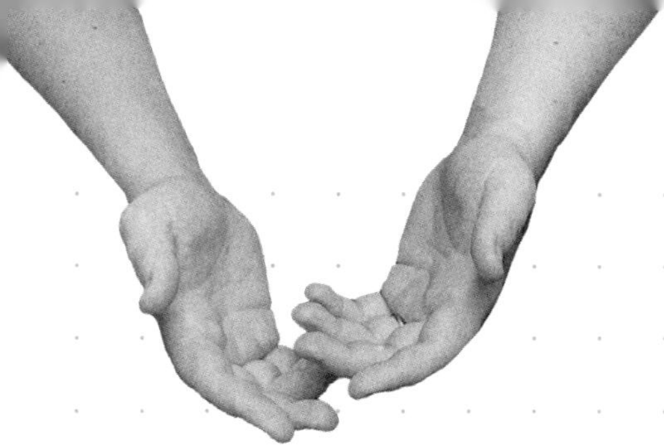

15

Gott hat rechtzeitige und effektive Hilfe versprochen

KRANKHEIT, SCHMERZ, TOD UND HEILUNG

Er wird den Tod verschlingen auf ewig.
Und Gott der Herr wird die Tränen von allen Angesichtern abwischen und wird aufheben die Schmach seines Volks in allen Landen; denn der Herr hat's gesagt.
Jesaja 25,8

Während ich dieses Buch schreibe, ist mein Körper angeschlagen wie noch nie zuvor: eine zerschnittene Strecksehne, ein unterirdischer Eisenwert, ein verknackster Fuß, die zweite *Frozen Shoulder*, die ich erlebe – und das ist noch nicht alles.

In den letzten drei Jahren habe ich Abschied von drei lieben Freundinnen genommen, die mir sehr viel bedeutet haben. Sie verstarben nach unterschiedlich langer Leidenszeit und trotz Hunderten von Gebeten. Sie fehlen mir immer noch, auch wenn ich weiß, dass ich sie wiedersehen werde und dass sie jetzt an einem besseren

Ort sind. Sie fehlen allen, die sie gekannt haben. Ihr Tod hat ein Loch in unsere Herzen gerissen.

Gott ist der *Jahwe Rapha*, der Gott, der heilt. Gleichzeitig sind mir Schmerzen, Tod und Krankheit näher, als mir lieb ist. Beides ist sehr real.

Die ganze Welt ist darauf angelegt, uns Menschen gutzutun. Die Natur ist voller Heilkräuter. In unserem Garten steht ein großer Strauch Salbei. Beim kleinsten Anzeichen von Halsschmerzen brühe ich mir eine Tasse frischen Salbeitee auf, und in den meisten Fällen sind die Schmerzen danach weg oder zumindest kleiner geworden. Außerdem hat unser himmlischer Vater fähige Menschen als Ärztinnen und Ärzte, Krankenschwestern und -pfleger, Physio- und ErgotherapeutInnen und noch viele mehr begabt und berufen, Kranken und Verletzten mit Fachwissen und medizinischen Hilfsmitteln zu dienen und Schmerzen zu lindern. Einen gesunden, gut funktionierenden Körper zu haben ist ein großes Geschenk und alles andere als eine Selbstverständlichkeit. Wir dürfen gut für diesen Körper sorgen, indem wir uns gesund ernähren, uns bewegen und einen guten Lebensrhythmus entwickeln.

Und es gibt den geistlichen Aspekt der Heilung: da, wo Gott ins Spiel kommt.

Wenn ich selbst von Krankheit betroffen bin, fällt es mir schwer, an Gottes Heilung zu glauben, und darum natürlich auch, sie in Anspruch zu nehmen. Meine persönlichen Erfahrungen mit Heilung halten sich in Grenzen. Zudem hat Krankheit (zu der ich auch Verletzungen durch Unfälle zähle) die Macht, sehr zu entmutigen. Doch wir dürfen auch entmutigt zu Gott kommen und um Heilung bitten. Denn unabhängig von der aktuellen Gefühlslage gilt, was Jesus am Kreuz getan hat: »Es ist vollbracht!« Dieses »Vollbracht!« soll durch alle Entmutigung und alle menschliche Realität wehen und Gottes Geist ungehindert wirken lassen.

Jede entmutigte Seele darf frei und mutig (»freimütig« ist ein großartiges Wort, das extra für entmutigte Herzen erfunden wurde, denke ich manchmal) zum Gnadenthron rennen und die Hilfe Gottes erwarten, wie es in Hebräer 4,16 beschrieben wird. Hilfe von ihm, der gerne hilft.

Das kann ich tun: entmutigt sein und zu Gottes Thron kommen. Und ich will lernen und hören und wachsen und von Gott erfahren, wie er über all meinen offenen Fragen denkt.

Heilung in der Bibel

» **Gott, der Jahwe Rapha, ist ein Gott der Heilung und Wiederherstellung.** »Ich bin der Herr, dein Arzt« (2. Mose 15,16). Das heißt, Heilung und Wiederherstellung ist nicht nur seine Fähigkeit, sondern sein Wesen.

» **Jesus heilt.** Ob es sich um eine Frau mit nicht endender Blutung handelt oder ein Mädchen, das bereits gestorben ist wie die Tochter des Jaïrus: Jesus hat die Macht zu heilen. Und er tut es (Matthäus 4,23; 8,16; 12,15; Markus 3,10 etc.)!

» **Jesus hat die Kraft zu heilen an uns übertragen.** »Wer an mich glaubt, der wird die Werke auch tun, die ich tue, und wird größere als diese tun« (Johannes 14,12), um dann auch ganz praktisch zu werden: »Heilt Kranke, weckt Tote auf, macht Aussätzige gesund und treibt Dämonen aus!« (Matthäus 10,8; HFA).

» **Krankheit existiert.** Irgendwen musste Jesus ja heilen. Und Krankheit gibt es auch bei Menschen, die Gott angehören. Paulus gibt Timotheus etwa den Rat, wegen seines Magens etwas Wein zu trinken. Und auch Paulus selbst war zeitweise krank: »Ihr erinnert euch sicherlich daran, als ich das erste Mal bei euch war und euch die rettende Botschaft verkündete. Damals war ich krank, und obwohl meine Krankheit eine Bewährungsprobe für euren Glauben war, habt ihr mich weder verachtet noch abgewiesen. Im Gegenteil, ihr habt mich wie einen Engel Gottes aufgenommen, ja, wie Jesus Christus selbst« (Galater 4,13-14; HFA).

» **Leid ist real.** Die Bibel ist kein Märchenbuch. Die Geschichten erzählen vom wahren Leben. Es wird geheilt, wiederhergestellt, gelitten. Schmerzen, ob körperlich oder im Herzen, sind real. Wir leiden in dieser Welt, und wir leiden am »Noch-nicht« und am »Bald«; an der Spannung zwischen dem Jetzt und dem Kommenden, das greifbar ist und trotzdem erbeten und erfleht werden muss.

»Sind wir aber Kinder, so sind wir auch Erben, nämlich Gottes Erben und Miterben Christi, da wir ja mit ihm leiden, damit wir auch mit ihm zur Herrlichkeit erhoben werden. Denn ich bin überzeugt, dass dieser Zeit Leiden nicht ins Gewicht fallen gegenüber der Herrlichkeit, die an uns offenbart werden soll. Denn das ängstliche Harren der Kreatur wartet darauf, dass die Kinder Gottes offenbar werden. Die Schöpfung ist ja unterworfen der Vergänglichkeit – ohne ihren Willen, sondern durch den, der sie unterworfen hat –, doch auf Hoffnung; denn auch die Schöpfung wird frei werden von der Knechtschaft der Vergänglichkeit zu der herrlichen Freiheit der Kinder Gottes. Denn wir wissen, dass die ganze Schöpfung bis zu diesem Augenblick seufzt und in Wehen liegt« (Römer 8,17-22).

» **Wenn wir krank sind, sollen wir für uns beten lassen, denn das hilft.** »Ist jemand unter euch krank, dann soll er die leitenden Leute in der Gemeinde zu sich rufen. Die sollen mit ihm beten und ihn dabei im Namen von Jesus, dem Herrn, mit Öl salben. Das vertrauensvolle Gebet wird dem Kranken helfen, und Jesus, der Herr, wird ihn wieder aufrichten« (Jakobus 5,14-15; DBU).

» **Die Kranken zu heilen ist eine Gabe, die Gott uns schenkt.** Es ist eine von verschiedenen Gaben, die der Heilige Geist der Gemeinde Gottes schenkt. »Gott hat seiner Gemeinde Menschen mit den verschiedensten Begabungen und Aufgaben geschenkt. ... danach besondere Kraftwirkungen, verschiedenste Geistesgeschenke wie die Heilungsgaben ...« (1. Korinther 12,9.28; DBU).

» **Durch Heilung wird Gott verherrlicht.** »Die beiden Schwestern (Marta und Maria) schickten nun eine Nachricht zu Jesus: ›Meister, das sollst du wissen: Der, den du lieb hast, ist schwer krank!‹ Als Jesus diese Nachricht erhielt, sagte er: ›Diese Krankheit wird nicht zum Tod führen, sondern sie hat ein anderes Ziel. Sie soll Gottes Größe deutlich machen. Und gleichzeitig soll der Sohn Gottes durch sie in seiner Herrlichkeit hervortreten‹« (Johannes 11,3-4; DBU).

» **Krankheit – oder Leid – kann einen Grund haben.** Paulus schreibt den Korinthern: »Gott selbst hat dafür gesorgt, dass ich mir auf die unbeschreiblichen Offenbarungen, die ich empfangen habe, nichts einbilde. Deshalb hat er mir ein quälendes Leiden auferlegt« (2. Korinther 12,7). Ob Paulus hier von einer Krankheit spricht oder einem anderen Leiden, zum Beispiel einer Versuchung, ist nicht gesichert. Gott heilt ihn nicht, sondern gibt ihm eine andere Antwort: »Meine Gnade ist alles, was du brauchst!« Sprich: »Halte es aus. Ich helfe dir. Ich nehme dir dein Leiden zwar gerade jetzt nicht weg, aber ich segne dich mit meiner Gnade.«

Gott gibt Strategien, wie wir mit Krankheit umgehen sollen. Es ist ein farbiger Blumenstrauß von Wahrheiten, die Gott uns alle zumutet. Welche Haltung gegenüber Krankheit kannst du einnehmen?

Meine Freundin Rebekka meint: »Du gehst doch erst mal zu Jesus selbst, in die Beziehung mit ihm, bevor du drauflos betest!« Ich finde, das stimmt.

Eine andere Strategie habe ich von einer lieben Freundin, deren Mutter unheilbar krank ist. Ihrem Verfall kann man beinahe zusehen, der Schmerz der Familie ist unermesslich. Als ich mit ihr darüber sprach, sagte meine Freundin: »Ich frage Gott, wie ich beten soll. Gerade jetzt habe ich noch keine Ahnung, wohin das führt!«

Gott hat Strategien und Wege für uns. Um die mit uns zu teilen, lädt er uns ein, in seine Gegenwart und in seine Ruhe zu kommen. Und von da wird sich alles klären. Wir mögen Frieden bekommen über den Istzustand. Den Zuspruch, dass er hilft auszuhalten und zu ertragen. Manchmal nehmen wir Heilung in Anspruch und halten an ihr fest, auch wenn wir noch nichts sehen.

Gott in Krankheit und Schmerz zu vertrauen, erfordert mein ganzes Vertrauen. Es ist einfacher zu sagen: »Gott, du kannst mich heilen!«, als: »Danke, dass du mich heilst!« Und doch: Wenn es um innere Heilung und Versöhnung geht, habe ich jeden Glauben der Welt. Warum? Weil ich selbst die Heilungskraft Gottes erlebt habe. Er ist in meine tiefsten Wunden gekommen und hat mich berührt und geheilt und frei gemacht. Ich bin nicht mehr das Opfer meiner Lebensentscheidungen oder derer anderer Menschen, sondern ich habe Heilung erfahren. Ich bin heil. Das ist mein Zeugnis, und davon weiche ich nicht ab. Und mit dieser Erfahrung im Gepäck bin ich bereit, alles auf die Karte Gott zu setzen, wenn es um körperliche Heilung geht. Ohne für Gott Entscheidungen treffen zu wollen, in Demut, aber gleichzeitig in kühnem Vertrauen.

Aktivierung

BLICK NACH INNEN

Ich lade dich ein, dich mit mir auf einen Weg des Vertrauens aufzumachen. Es ist ein herausfordernder Weg, der uns alles abverlangen kann. Aber er führt direkt in die Arme des liebenden Vaters. Des Vaters, der reich ist an Leben, an Hoffnung, an Kraft, an Heilung!

Was sagt dir Gott über deinen Schmerz, deine Krankheit? Kannst du ihn hören? Wie sollst du beten? Was ist Gottes Strategie für dich?

SCHRITT NACH AUSSEN

Bete, was Gott dir gezeigt hat zu beten, in deinen eigenen Worten. Nutze auch die Kraft des Wortes Gottes, zum Beispiel mit den Bibelstellen aus diesem Kapitel.

16

Gott hat verheißen, dass er uns in der Not nahekommt

GEBET FÜR MENSCHEN IN NOT

Herr, höre mein Gebet, vernimm mein Flehen!
Du bist doch treu und schenkst Rettung.
Psalm 143,1

In der Ukraine tobt seit längerer Zeit ein grausamer Krieg. Die deutsche Tagesschau vermeldete heute, als ich diese Einheit schreibe, mehr als 40 000 Tote wegen des Erdbebens im türkisch-syrischen Grenzgebiet. Mehr als 13 000 Verletzte werden in Krankenhäusern behandelt. Und über eineinhalb Millionen Menschen leben in Notunterkünften, nachdem sie alles verloren haben, was sie besaßen.

Man muss nicht weit weg schauen, um Not zu sehen. In der Stadt Zürich, die als eine der reichsten Städte der Welt bezeichnet wird, gibt es schätzungsweise etwa drei Dutzend Obdachlose. Die Anzahl der Menschen, die in der Schweiz als »arm« definiert werden, nimmt zu. Die große Not lässt uns unsere Ohnmacht und Hilflosigkeit spüren. Was auch immer wir spenden und tun: So richtig helfen können wir nicht. Warum dieses Leid?

Es ist krass, angesichts des Leides in der Welt an einen guten Gott zu glauben. Es fühlt sich paradox an und tut richtiggehend weh.

In der Theologie befasst man sich seit jeher mit der Frage, wie ein gerechter Gott Leid zulassen kann. Diese Frage nennt man die *Theodizee*. Der irische Schriftsteller und Naturwissenschaftler C. S. Lewis fasst die Frage nach der Gerechtigkeit und dem Wesen Gottes so zusammen: »Wenn Gott gut wäre, würde er seine Geschöpfe vollkommen glücklich machen wollen; und wenn Gott allmächtig wäre, würde er imstande sein, zu tun, was er will. Nun aber sind die Geschöpfe nicht glücklich. Darum fehlt es Gott entweder an Güte oder an Macht oder an beidem.«[11]

Meinem Mann wurde gleich am ersten Tag seines sechs Jahre dauernden Studiums der Theologie an der Universität Tübingen erklärt: »Wenn Sie in diesem Studium hoffen, eine Antwort auf die Frage der Theodizee zu erhalten, muss ich Sie leider enttäuschen.«

Wenn wir keine Antworten haben, bleiben uns zwei Möglichkeiten: zu verzweifeln und zu verbittern. Oder uns mit letzter Kraft an Gott festzuklammern, mit den letzten Fetzen unseres zerbrochenen Vertrauens. Und ihm die Menschen, die die Not aushalten müssen, die an ihr zerbrechen und verzweifeln; diejenigen, die mit letzter Kraft durchhalten und anderen ihr letztes Stück Brot geben, vor die Füße zu legen.

Es gibt den einen Ort, an den ich Menschen in Not bringen kann. Wo sie gesehen und gehört werden. Ein Ort des Schutzes, ein Ort von Recht und Gerechtigkeit, von Barmherzigkeit, Hilfe und Schutz. Manchmal kann ich nichts anderes tun, als Menschen in Not vor Gott hinzulegen und um Gnade zu flehen. Manchmal fehlen mir auch die Worte dafür. Der Glauben. Die Kraft.

Aktivierung

BLICK NACH INNEN

Der Heilige Geist hilft uns in unserer Schwachheit auf. Denn wir wissen ja überhaupt nicht, wie wir beten sollen. Doch er selbst, der Gottesgeist, kommt uns immer wieder mit seinem unaussprechbaren Seufzen zu Hilfe (Römer 8,26).

Halte ein ehrliches Zwiegespräch mit Gott und schreibe auf, was Gott zu dir spricht.

»Herr, wie soll ich dich bitten? Wie soll ich beten?«

SCHRITT NACH AUSSEN

Angesichts des Schmerzes und der Not in der Welt will ich mich nicht in die Position »neben« Jesus stellen, wie wir sonst beim Beten von Verheißungen unsere Position einnehmen. In diesem Fall finde ich es angemessen, vor Gott zu knien und um Hilfe für unsere Mitmenschen zu flehen. Wir nehmen die Verheißungen Gottes und bitten ihn darum einzugreifen. Diese Gebetshaltung im Flehen sehen wir zum Beispiel in Offenbarung 6.

Gebet

Herr, erbarme dich. Jesus, erbarme dich. Ich komme vor dich mit den Menschen in Not: ....
»Du bist Zuflucht und ein sicherer Ort. Du bist Schild, ein starker Helfer, eine Burg auf unbezwingbarer Höhe« (2. Samuel 22,3; HFA). Bitte schenke ihnen Zuflucht und eine Unterkunft. Bitte sei du ihr Schild und ihr Schutz. Bitte hilf ihnen und sei ihre Burg, die nicht einnehmbar ist. Sei du selbst ihre Sicherheit!
»Du öffnest deine Hand und sättigst deine Geschöpfe; allen gibst du, was sie brauchen« (Psalm 145,16; HFA). Bitte öffne deine Hand, lieber Vater, und schenke Nahrung und Wasser. Still den Hunger! Bitte gib ihnen alles, was sie benötigen!
Du sagst: »Denn ich verwandle ihre Trauer in Freude, ich tröste sie und mache sie wieder froh nach all ihrem Leid« (Jeremia 31,13; HFA). Bitte, Vater, tröste du sie! Wisch du ihre Tränen ab! Tröste sie und heile sie!
»Gott hat uns ja nicht einen Geist der Furcht gegeben, sondern einen Geist voller Kraft, Liebe und Besonnenheit« (2. Timotheus 1,7; DBU). Bitte schenke Mut und Kraft. Nimm du all ihre Ängste in deine Hand, du treuer Gott! Zeig ihnen deine große Liebe!

Aktion

Erinnerungszeichen

Zünde eine Kerze an, die das Brennen in unseren Herzen für die Menschen in Not symbolisiert und gleichzeitig die Hoffnung in Gott. Vielleicht jeden Morgen beim Frühstück als Erinnerung für dein ganzes Haus? Oder am Abend, wenn es dunkel wird?

Lege ein Bild (Zeitungsausschnitt, Foto etc.) als Buchzeichen in deine Bibel oder dein Andachtsbuch (oder das Buch, das du gerade liest). Wenn du es siehst, bete in deinem Herzen oder halte einen Moment in Stille aus.

Praktische Hilfe

Jesus sendet uns als Salz und Licht in die Welt. Gibt es etwas, das du gerade heute tun könntest?

Einige Ideen: einer Hilfsorganisation einen Betrag spenden, eine Nachbarin zum Essen einladen, Kleider weiterschenken, Kekse oder einen Hefezopf backen (oder kaufen) und verschenken, eine alleinstehende Person anrufen oder zum Kaffee einladen, in der Schule, in einem Café oder in der Kirche mithelfen ....

GEBET IN PERSÖNLICHER NOT

Manchmal befinden wir uns in so herausfordernden Situationen, dass wir den Blick darüber hinaus komplett verlieren. Sei es, dass wir selbst oder eine uns nahestehende Person in großer Not sind, oder sei es durch den Druck einer Notlage: Wir können nur noch zu Gott schreien und ihn um Gnade anflehen.

»Da hilft nur noch beten!«, sagen wir manchmal. Und: »Nützt es nichts, so schadet es auch nicht« ist ein Schweizer Sprichwort. Das heißt, dass das Beten als letzte Möglichkeit bewertet wird – das, was vielleicht noch hilft, wenn wir alles andere schon vergeblich versucht haben. Und dass man zwar überhaupt nicht sicher ist, ob Beten hilft, aber dass es immer noch einen Versuch wert ist, auch wenn man nicht wirklich überzeugt ist.

Ich habe einen anderen Vorschlag: Wir beten zuallererst! Und beten heißt auch, Gott um Hilfe zu bitten und ihn zu fragen, was wir tun sollen.

Die Israeliten waren nach ihrem Exodus aus Ägypten in manchen Kampf verwickelt. Im Krieg gegen die Amalekiter gebot Gott Mose, seine Hände emporzuhalten. Obwohl Mose vermutlich nicht genau wusste, warum er das tun sollte, war er gehorsam. Wir lesen: »Josua … kämpfte gegen Amalek. Mose aber und Aaron und Hur gingen auf die Höhe des Hügels. Und wenn Mose seine Hand emporhielt, siegte Israel; wenn er aber seine Hand sinken ließ, siegte Amalek« (2. Mose 17,10-11).

Wie Mose seine Hände emporhalten musste, damit Israel siegte, können auch wir das tun. Erhebe still deine Hände zu Gott als ein Bitten um Gnade im Bewusstsein, dass Gott der Einzige ist, der helfen kann. Wir drücken so unsere Not und zugleich unsere Hoffnung in den einen Gott aus.

— Aktivierung

BLICK NACH INNEN

Vater, welches Wort gibst du mir für diese Not? An welches Versprechen erinnerst du mich gerade jetzt? Was willst du tun? Was ist mein Anteil? Was nicht?

SCHRITT NACH AUSSEN

Nimm dir Zeit, den Namen von Jesus zu atmen. Er ist der »Name über allen Namen« (Philipper 2,9) und in ihm liegt die Auferstehungskraft, die Überwinderkraft, der Geist der Sanftmut und der Sohnschaft.
Jesus Christus.
Einatmen: Jesus. *Ausatmen*: Christus.

Jesus, in deinem Namen ist die Kraft

Bitte um Hilfe

» Vater! Du kennst meinen Schmerz. Du bist ein Gott, der mit mir mitleiden kann.
Hebräer 4,15

» Reiß mich heraus! Herr, komm mir schnell zu Hilfe! Meine Hilfe und mein Befreier bist du, Herr, zögere nicht länger!
Psalm 70,1.6

» Ich werde still und hoffe auf dich.
Psalm 37,7

Gottes Hilfe erwarten

» Nur bei dir, Gott, komme ich zur Ruhe; geduldig warte ich auf deine Hilfe. Nur du bist ein schützender Fels und eine sichere Burg. Du stehst mir bei, und niemand kann mich zu Fall bringen.
Ja, ich sage es nochmals: Nur bei dir, Gott, komme ich zur Ruhe; du allein gibst mir Hoffnung. Nur du bist ein schützender Fels und eine sichere Burg. Du stehst mir bei, und niemand kann mich zu Fall bringen.
Du rettest mich, du steht für meine Ehre ein. Du schützt mich wie ein starker Fels, bei dir bin ich geborgen.
Ihr Menschen, vertraut ihm jederzeit und schüttet euer Herz bei ihm aus! Gott ist unsere Zuflucht.
Nach Psalm 62; DBU

Aktion

Eine Erinnerung an Gottes Hilfe

Die Israeliten bauten sich Altäre oder richteten Steinhaufen auf, um sich an Gottes machtvolle Taten und sein Reden zu erinnern. Ähnlich können auch wir Erinnerungen an die erlebte und zugesagte Hilfe Gottes in unserem Umfeld sichtbar platzieren. Gibt es etwas, das dich daran erinnert, wie Gott dir zur Hilfe kam? Lege dir eine Sammelbox an oder platziere sie in deiner Wohnung oder im Garten. Schreibe deine Not und wie Gott dir dabei geholfen hat, auf.

17

Gott nimmt dich an

ANGST ÜBERWINDEN

Furcht ist nicht in der Liebe, sondern die vollkommene
Liebe treibt die Furcht aus.
Denn die Furcht rechnet mit Strafe;
wer sich aber fürchtet, der ist nicht vollkommen in der Liebe.
1. Johannes 4,18

Abgelehnt zu werden tut weh. Ich denke, die Angst vor Ablehnung ist tief in den meisten von uns verankert. Und diese Furcht bewegt uns dazu, Dinge zu tun, die wir eigentlich nicht tun möchten. Aber wir fürchten uns so sehr davor, von Menschen abgelehnt zu werden, dass wir uns lieber verbiegen. Und trotzdem können wir uns nicht immer vor Ablehnung schützen.

Vor Kurzem war ich von nahestehenden Menschen sehr enttäuscht. Sie gaben mir das Gefühl: »Du hast keine Priorität. Unser Wohlbefinden stellen wir weit über deine Befindlichkeit.« Ich selbst stelle oft die Bedürfnisse anderer über meine eigenen (auch nicht immer aus edlen Motiven heraus, sondern aus der Angst, abgelehnt zu werden). Genau darum war ihr Verhalten ein Schlag in die Magengrube, und ich nagte daran. Fühlte mich ungeliebt und nicht gesehen.

Auch Jesus wurde abgelehnt. Nicht nur von den Pharisäern und Rechtsgelehrten, sondern auch von seinen Nächsten, ja seinem eigenen Volk, um dessentwillen er überhaupt die ganze Sache mit der Menschwerdung auf sich genommen hatte. Ablehnung ist real. Und sie tut weh.

Eine Scheinalternative ist ein Leben, in dem ich ständig versuche, mich selbst zu schützen. Der Schutz vor Ablehnung hat jedoch immer einen Gefährten mit dabei: die Unfähigkeit, Liebe anzunehmen. Schütze ich mich vor dem einen, kann ich auch das andere nicht zulassen. An meinem Schutz-Panzer wird immer alles abprallen, das Schlechte und das Gute.

Gott sieht dich. Er sieht deine Angst vor Ablehnung und den Schmerz, der an dieser Stelle entstanden ist. Er ist nicht gekommen, um Schmerz ungeschehen zu machen, sondern um dich zu heilen. Deine Heilung und Wiederherstellung werden dich sogar so sehr segnen, dass das Gute aus deinem Herzen weiterfließen und auch andere segnen wird. Alles, was es braucht, ist ein Herz, das sich wagemutig entschließt, sich nicht selbst zu schützen, sondern Schutz und Trost und Heilung von Gott zu erwarten.

»Denn Gott hat uns nicht gegeben den Geist der Furcht, sondern der Kraft und der Liebe und der Besonnenheit«, sagt Paulus im 2. Timotheusbrief 1,7. Wir sind befreit von Angst! Wir haben Gottes Geist in uns: voller Kraft, Liebe und Besonnenheit. Das ist Gottes Zusage für uns!

Was sagt das Wort Gottes?

» Er hat uns zuerst geliebt.
1. Johannes 4,19

» Denn Gott hat uns nicht gegeben den Geist der Furcht, sondern der Kraft und der Liebe und der Besonnenheit.
2. Timotheus 1,7

» Wer auf euch hört, hört auf mich, und wer euch ablehnt, lehnt mich ab. Wer aber mich ablehnt, lehnt den ab, der mich gesandt hat.
Lukas 10,16; NGÜ

» Was in dieser Welt unbedeutend und verachtet ist und was bei den Menschen nichts gilt, das hat Gott erwählt.
1. Korinther 1,28; NGÜ

Aktivierung

BLICK NACH INNEN

Du fühlst es vielleicht nicht, aber du darfst so handeln: Du bist geliebt und angenommen, von Grund auf. Und du handelst so, als würde ich das bereits spüren. Darum bist du frei, nicht mehr aus dem Geist von Furcht, sondern im entgegengesetzten Geist zu agieren: dem Geist Gottes von Kraft, Liebe und Besonnenheit. Nicht aus Selbstmitleid heraus, sondern aus der Liebe Gottes, die mich umgibt.

Wem kann ich heute meine Liebe zeigen? Und wie kann ich das tun? Wie kann ich heute ein Segen für jemand anderes sein?

Gebet

Vater,
ich danke dir dafür, dass du mich siehst. Bei dir bin ich geborgen. Ich bin dein Kind, und deine Liebe und Gnade für mich enden nie. Danke für deine Liebe und Gnade! Mein Herz nimmt sie an. Ich nehme deine Güte, lasse mich von ihr übergießen.
Du bist ein Gott, der mich sieht. Wie wunderbar das ist! Und du siehst mich nicht nur. Nein, du liebst mich und nimmst mich an. Du hast mich zuerst geliebt (1. Johannes 4,19). Schon immer und ewig! Ich staune über deine Güte, und mein Geist kommt in dieses Staunen hinein.

Ich entscheide mich hier und jetzt, dass deine Liebe genug für mich ist. Denn das ist die Wahrheit: Deine Liebe reicht aus. Wenn ich nur dich habe, Herr, bedeuten Himmel und Erde mir nichts (Psalm 73,25).
Mein Herz: Du darfst diese Wahrheit schmecken und sehen und annehmen. Dein Gott reicht aus. Er ist alles für dich. In Jesus haben wir ein Leben in der Fülle (Johannes 10,10).
Nichts fehlt mir (Psalm 23,1)! Mein Gott ist genug für mich. Seine Gnade reicht aus für mich (2. Korinther 12,9).

Ergänze das Gebet in deinen eigenen Worten und mit den Texten aus der Bibel, die dir wichtig geworden sind.

18

Gott sagt, er ist immer bei dir

GEBORGENHEIT STATT EINSAMKEIT

Ich lasse dich nicht im Stich, nie wende ich mich von dir ab.

Hebräer 13,5b

Ich genieße es, wenn ich allein bin. Das kann ich, weil ich das Privileg habe, in Gemeinschaft zu leben. Auch wenn Beziehungen Arbeit und manchmal ganz schön herausfordernd sind: Ich bin so dankbar für das Geschenk der Gemeinschaft und weiß, es ist ein riesiges Geschenk. Früher, als Single, hatte ich häufig das Gefühl, dass alle um mich herum heirateten, sich befreundeten, eine Familie gründeten oder jemanden am Kennenlernen waren. Besonders die Sonntage empfand ich als sehr herausfordernd, wenn ich, müde von der Woche und vom Gottesdienstbesuch, allein zu Hause war und nichts vorhatte. Ein Nachmittag allein ist schön, wenn man abends Besuch hat, genauso wie es schön ist, nach guter Gemeinschaft den Abend allein ausklingen zu lassen. Zu dieser Zeit kamen mir die Sonntage jedoch sehr leer vor.

Einmal bekam ich zum Geburtstag ein Konzertticket. Eines. Die Aussicht, allein zu einem Konzert zu gehen, überforderte mich. Ich sah mich mit meinen inneren Augen ganz allein dasitzen, während rund um mich herum gelacht und geschwatzt wurde. Durch dieses innere Bild wurden mir meine Einsamkeit und meine Ängste im vollen Ausmaß bewusst, und ich vergoss viele Tränen. Die Einladung, so nett sie gedacht war, ließ mich meine Einsamkeit noch viel mehr bewusst werden und spüren als sonst. Vor dem Konzert flehte ich Gott an, bei mir zu sein.

Als ich mich auf den Weg machte, fühlte ich mich plötzlich großartig. Wie in Watte gepackt, beschützt und geborgen. Am Ticketautomat wurde mir äußerst freundlich der Vortritt gewährt. Ich erkannte einen bekannten Schweizer Politiker mit seiner Familie. Er war mir schon immer sympathisch gewesen, und dass er mir nun den Vortritt ließ, war fabelhaft. In der Konzerthalle herrschte umtriebige Fröhlichkeit. Ich fühlte mich sicher und selbstbewusst, ohne recht zu wissen, warum. Ich nahm wahr, dass mir Aufmerksamkeit geschenkt wurde. Auch an der Bar wurde ich zuvorkommend und herzlich bedient. Im Konzertsaal hatte ich den Platz ganz am Rand einer vorderen Reihe. Ich nahm als Erste Platz und dachte, jetzt muss ich sicher hundertmal aufstehen, weil alle anderen nach mir kommen. Ich weiß noch heute nicht, warum, aber alle anderen kamen von der anderen Seite, um sich hinzusetzen. Ich musste nicht ein einziges Mal aufstehen, um andere vorbeizulassen. Sowohl in der Pause als auch auf dem Heimweg fühlte ich mich wie auf Wolken. Ich war weit und breit die einzige Person ohne Begleitung gewesen. Aber ich fühlte mich stark und geborgen wie selten in meinem Leben.

Dieses kleine Erlebnis hat meine Welt nachhaltig berührt. Es schien, als wäre Gott selbst an meiner Seite gewesen und als hätten das die Menschen unbewusst auch wahrgenommen. Gottes Gegenwart, seine Nähe und Treue waren für mich selten so real geworden wie bei diesem Konzertbesuch.

Auch wenn ich heute kaum mehr allein bin, fühle ich mich manchmal einsam. Zum Beispiel dann, wenn ich nicht verstanden werde. Wenn ich die Einzige bin, die sich etwas wünscht oder die etwas aus einer bestimmten Perspektive sieht. In der Teamarbeit habe ich mehrmals erlebt, dass ich mich mit meinen Anliegen zur Außenseiterin gemacht habe. Zum Bremsklotz oder zur Vorpreschenden, je nach Thema.

Sei ermutigt, Gott in deiner Einsamkeit zu vertrauen. Auch Jesus war einsam und wurde von niemandem verstanden. Sogar seine engsten Jünger rieten ihm, die Nummer mit dem Kreuz doch sein zu lassen (Matthäus 16,22). Und sie schliefen ein, als Jesus sie einmal um Hilfe bat, nämlich mit ihm zu beten und zu wachen. Jesus war einsam und sieht dich und deine Gefühle. Er kann dich nicht nur verstehen und mit dir mitleiden, sondern er bietet dir etwas Wunderbares an: seine Gemeinschaft. Er sagt, dass er immer, immer bei uns ist. Bis ans Ende der Welt.

In der größten Einsamkeit bist du nicht allein, sondern gesehen und getragen. Vielleicht bleiben die unguten Gefühle, die Traurigkeit. Das sind deine Fakten: Du bist allein. Aber die weitaus größere Realität Gottes ist: Er ist mit dir. Er nimmt Wohnung in dir. Er spricht zu dir, und er leitet dich. Er tröstet dich. Er ist immer mitten dabei. Sogar bei Konzerten!

Was sagt das Wort Gottes?

» Du bist ein Gott, der mich sieht.
1. Mose 16,13

» Ich bin jeden Tag bei euch, bis zum Ende der Welt.
Matthäus 28,20

» Denn du hast mein Innerstes geformt, du hast mich gestaltet im Bauch meiner Mutter. Ich danke dir, weil du mich so unglaublich wunderbar gemacht hast! Ja, deine Werke sind reine Wunder! Meine Seele weiß das genau.
Psalm 139,13-14

» Ich lasse dich nicht im Stich, nie wende ich mich von dir ab.
Hebräer 13,5b

Aktivierung

BLICK NACH INNEN

Du darfst deine Gefühle benennen und ihnen Raum geben. Schreibe, male, sprich oder drücke auf deine eigene Art aus, was auf deinem Herzen ist. Auch Leere und Schweigen dürfen sein. Sei ermutigt, dein Herz vor Gott zu bringen. Ruhe bei ihm. Was sagt Gott zu dir?

Gebet

Vater,
du bist der Gott, der mich sieht! Ich danke dir dafür! Ja, mein Herz glaubt diese Wahrheit: Du bist da. Du lässt mich niemals allein. Du siehst mich in der Nacht, du siehst mich am Morgen, und du kennst mich durch und durch. Du wohnst in mir! Das ist zu krass, um es wirklich zu begreifen. Obwohl ich es nicht ganz verstehe, heiße ich dich einfach von Herzen willkommen. Danke, dass du da bist!
Ja, du bist bei mir, immer, bis ans Ende der Welt (Matthäus 28,20). An keinem Tag lässt du mich allein. Ich nehme deine Liebe an. Ich glaube dir und ich vertraue dir!
Danke, Vater!

SCHRITT NACH AUSSEN

Aktion

Gott ist mit dir. Glaubst du das? Ein paar Ideen, wie du das erleben kannst:

- Gehe nur mit Jesus einen Kaffee trinken.
- Drücke einer anderen Person mit einer Nachricht oder einem Anruf deine Freundschaft aus.
- Frage den Heiligen Geist, was er dir heute zu tun aufs Herz legt. Handle und sei in der Gewissheit, dass Gott dir bereits alles geschenkt hat, was du brauchst, auch wenn du es nicht fühlst. Von Mose lesen wir in Hebräer 11,27, dass er »so fest mit Gott rechnete, als könnte er ihn sehen« (HFA). Sei ermutigt, wie Mose so fest mit Gott zu rechnen, dass sich das auch in deinem Tun widerspiegelt.

19

Gott hat verheißen, dass er unsere Gerechtigkeit ist

FREI VON SELBSTANKLAGE

Der Herr ist unsere Gerechtigkeit!
Jeremia 33,16

Heute Morgen wurde ich in einer Arbeitsbesprechung von meinem Gegenüber konfrontiert: »Deine Ambivalenz macht es für mich echt schwierig, eine Entscheidung zu treffen. Ich weiß nicht, was du wirklich willst!« Noch während sie am Reden war, wurde es in mir heiß und kalt zugleich. Ich, ambivalent? Und vor allem: Ich, schwierig? Wir klärten unsere Bedürfnisse, und es herrschte wieder Frieden. Nach dem Gespräch ging mir jedoch mein Gefühl noch länger nach und ich realisierte, dass ich genau der Situation begegnet war, die ich seit jeher vermeiden möchte: Ich habe etwas falsch gemacht. Einen Fehler! Das löst sofort Scham in mir aus und breitet einem altbekannten Gefühl den roten Teppich aus: der Selbstanklage.

Selbstanklage war über eine lange Zeit mein ständiger Begleiter. Diese Stimme, die mir immer einredete, dass ich eine schlechte

Mutter und nicht gut genug bin. Dass ich den falschen Ton getroffen habe oder dass meine Herzenshaltung fragwürdig ist. Nichts hält in diesen Momenten meiner inneren Prüfung stand. Während es Menschen gibt, die bei jedem Ungemach nach einem Schuldigen suchen, finde ich diesen immer sofort: mich selbst.

Beim Sortieren meiner Gefühle entdecke ich Folgendes: Ich fühle mich schlecht, weil ich meinen inneren Ansprüchen nicht genüge. Und: Hinter den inneren Ansprüchen stecken faustdicke Lügen. Sie lauten so: »Du musst immer perfekt sein.« »Du darfst keinen Fehler machen.« Und: »Du bist nur liebenswert, wenn du alles richtig machst!« Mit den Lügen darf ich fröhlich zum Kreuz und sie gegen Wahrheit austauschen (siehe Kapitel 5).

Wenn es um Selbstanklage geht, akzeptiere ich zuerst eine befreiende Tatsache: Wir genügen niemals aus eigener Kraft! Und daher müssen wir es auch gar nicht versuchen. Weder Entschlossenheit noch Willenskraft machen uns zu besseren Menschen. Da können wir uns so lange optimieren, wie wir wollen. Nein, es ist nur die Versöhnungstat von Jesus, die uns gerecht macht. Mit Jesus wurde meine alte Natur mit ans Kreuz geschlagen (Römer 6,6), und an ihre Stelle ist etwas Neues getreten: der erneuerte innere Mensch, unser Geist, der lebendig geworden ist.

Natürlich weiß ich in meinem Kopf, dass Gott Sünden vergibt und dass ich mich ihm immer nähern kann. Aber dieser wirre Wust von Selbstanklage, der meistens ein Gemisch ist aus Lügen und wahren Anteilen, der hat es in sich. Mit der Zeit habe ich zumindest gelernt, Selbstanklage immer schneller zu identifizieren. Und so ist die Grundlage gelegt, um damit zu handeln. Ich muss es nicht bei Selbstanklage belassen. Jesus hat dafür gesorgt, dass ich absolut und uneingeschränkt freigesprochen bin von jeder Anklage. Und das war auch nötig, denn der Feind, der Satan, wird auch Ankläger genannt. Gott hat ihm eine wunderbare Antwort gegeben:

» Nun ist das Heil und die Kraft und das Reich unseres Gottes geworden und die Macht seines Christus; denn der Verkläger unserer Brüder und Schwestern ist gestürzt, der sie verklagte Tag und Nacht vor unserm Gott.
Offenbarung 12,10

Darum, wenn es um Selbstanklage oder irgendeine Art der Anklage geht, sprechen wir im Gebet nicht nur zu Gott und zu unserem Herzen, sondern auch direkt zum Ankläger. Die Position, die wir einnehmen, ist wieder die in Christus neben dem Thron unseres Vaters und Richters. Sein Thron ist »gegründet auf Recht und Gerechtigkeit« (Psalm 89,15). Es gibt niemanden und nichts, was größere Autorität hat als der Vater – und die, denen er Autorität gibt. Zuerst dem Sohn, Jesus, und dann allen, die an den Namen seines Sohnes glauben.

Und das ist noch nicht genug. Der Vater selbst hat auf jede erdenkliche Weise dafür gesorgt, dass wir nicht unter Anklage stehen müssen. Schau dir an, was er für dich und mich getan hat:

- **Jesus ist unser Fürsprecher!** »Wenn jemand sündigt, so haben wir einen Fürsprecher bei dem Vater, Jesus Christus, der gerecht ist« (1. Johannes 2,1).
- **Der Heilige Geist ist unser Fürsprecher!** Die *New International Version Bible* übersetzt die Stelle aus Johannes 14,16 ganz klar: »And I will ask the Father, and he will give you another advocate to help you and be with you for ever – the Spirit of truth.« Der Geist der Wahrheit wird uns hier als Anwalt vorgestellt. Die *Neue Genfer Übersetzung* wählt das Wort »Helfer« und ergänzt in den Anmerkungen weitere Bedeutungsmöglichkeiten: Ratgeber, Fürsprecher, Anwalt.

Lass dich auf die heilige Allianz der Unterstützung ein und lass dich ganz von ihr tragen! Es ist ein Raum der Freiheit.

Aktivierung

BLICK NACH INNEN

Hast du eine Situation vor Augen, die bei dir zu Selbstanklage geführt hat? Anspruch und Realität: Was hätte dir geholfen, um deine innere Freiheit zu halten? Wie sieht deine Idealvorstellung aus? Und wie war es tatsächlich? Skizziere beide Szenarien, zum Beispiel mit Strich-Figuren und Sprechblasen.

Gott selbst ist unsere Gerechtigkeit! Der Name *Jahwe Zidkenu* bedeutet: Herr, unsere Gerechtigkeit. Der Herr ist Stärke. Herr, meine Gerechtigkeit!

SCHRITT NACH AUSSEN

In seiner Gegenwart wird Anklage gehört und dann wird mit ihr gehandelt. Sie hat keinen Raum, ewig ungute Stimmung oder vernebelte Gefühle zu verbreiten. Und das dürfen wir aussprechen und für uns in Anspruch nehmen. Lasst uns gleich damit beginnen:

Proklamation

Vater, du bist meine Gerechtigkeit (Jeremia 33,16)! Ja, das bist du. Das lasse ich mir auf der Zunge zergehen: Du bist meine Gerechtigkeit. Du bist treu und gerecht. Danke von Herzen dafür, lieber Vater!
Jesus, du bist mein Fürsprecher und mein Anwalt. Du trittst für mich ein! Und nicht nur das: Du hast alle meine Schuld auf dich geladen, sodass ich frei sein darf, ohne Wenn und Aber! Ich nehme dieses Geschenk von Herzen an! Danke für diese Freiheit!
Gerne dürfen wir dem Teil der Anklage auch zustimmen, die wahr ist. Lass den Heiligen Geist dein Herz prüfen: Du bist nicht vollkommen. Du musst keine Angst davor haben, Fehler zuzugeben und Sünde beim Namen zu nennen. Was für eine Freiheit!
Und das ist ja erst die halbe Wahrheit. Die ganze Wahrheit ist, dass du frei von all deiner Schuld bist. Von aller deiner Schuld. Da ist nichts, kein Krümchen, mehr übrig. Und so darfst du rein, heilig und gerecht gesprochen in Freiheit leben (Kolosser 1,22).

Feind, du hast mit .... (füge hier ein, wo du Schuld erkannt hast) recht, was du gegen mich vorzubringen hast. Ja, an dieser Stelle habe ich versagt. Ich habe gesündigt. Und ich bin weit davon entfernt, fehlerlos zu sein. Ich stimme dir zu!
ABER, und jetzt darfst du gut zuhören: Gott selbst hat mich gerecht gemacht! Ich bin sein Kind, und Jesus Christus hat all meine Schuld auf sich genommen und dafür bezahlt. Ja, alle meine Schuld! Denn es steht geschrieben: »Weil Jesus Christus den Willen Gottes erfüllt und seinen eigenen Leib als Opfer dargebracht hat, sind wir jetzt ein für alle Mal geheiligt! .... Denn mit diesem einen Opfer hat er alle, die sich von ihm heiligen lassen, völlig und für immer von ihrer Schuld befreit. Das bestätigt uns auch der Heilige Geist« (Hebräer 10,10.14). Halleluja, das gilt für mich! Da ist nichts mehr, wofür du, Feind, mich ab sofort anklagen kannst, denn Jesus selbst hat diese Anklage getragen und effektiv behandelt. Die Strafe liegt auf ihm, sodass ich Frieden habe, und durch seine Wunden bin ich geheilt (Jesaja 53,5). Endgültig, voll und ganz!

Unser Herz darf es glauben, denn es ist wahr: Durch Jesus Christus sind wir gerecht gemacht! Wir dürfen unser Herz einladen, die Gerechtigkeit unseres himmlischen Vaters anzunehmen und in den Raum der Freiheit einzutreten.

Mein Herz, du darfst es glauben und annehmen: Der himmlische Vater ist meine Gerechtigkeit (Jeremia 33,16). Wenn Gott für mich ist, wer kann dann gegen mich sein (Römer 8,31)? Mein Vater ist für mich, und

mein Herz darf diese Wahrheit glauben und annehmen. Weil mich der Sohn, Jesus Christus, frei gemacht hat, bin ich nun wirklich und wahrhaftig frei (Johannes 8,36)! Jesus, du selbst trittst für mich ein. Dafür danke ich dir und ehre ich dich!
Dein ist das Reich und die Kraft und die Herrlichkeit in Ewigkeit (Matthäus 6,13)! Ja, deine neue Wirklichkeit und alle Kraft und die Herrlichkeit gehören dir allein.
Mein Herz, du darfst dich entspannen: Du darfst begrenzt und schwach sein, denn alles wurde bereits für dich getan durch Jesus Christus. Du darfst dich an ihn anlehnen und alle Unsicherheit, alle Ängste und alle Selbstanklage bei ihm deponieren. Du bist frei gemacht und darfst fröhlich sein!
Jesus, wie sehr danke ich dir! Durch dich bin ich frei!

20

Gott ist die Wahrheit

FREI VON LEBENSLÜGEN UND DER LAST VON IDEALEN

Leite mich in deiner Wahrheit und lehre mich!
Denn du bist der Gott, der mir hilft;
täglich harre ich auf dich.
Psalm 25,5

Im Alten Testament lesen wir die Geschichte vom Volk Israel, das endlich ans Ziel gekommen und beim versprochenen Land der Verheißung angekommen ist. Bevor das Volk einzieht, schickt Mose Kundschafter aus, die das Land erkunden. Vierzig Tage lang erforschen die Männer, unter ihnen Josua, das Land. Als sie zurückkommen, berichten sie von Milch und Honig, der im Überfluss fließt, und sie bringen riesige Früchte mit.

Dann aber passiert Folgendes: »Sie erzählten den Israeliten die schlimmsten Geschichten über ihre Reise: ›Wir haben das Land durchzogen, wir wissen, wie es dort aussieht. Glaubt uns, dort herrschen Mord und Totschlag! Alle Menschen, die wir gesehen haben, sind groß und kräftig. Die Anakiter, die wir getroffen haben, sind Riesen. In deren Augen waren wir klein wie Heuschrecken, und so haben wir uns auch gefühlt!‹« (4. Mose 13,32-33).

Was passierte nach diesen Worten? Die Israeliten verließ der Mut. Sie machten Mose Vorwürfe und weinten die ganze Nacht vor Angst. Ja, sie wollten Mose und Aaron abwählen. Und Gott? Der entschied, dass die Israeliten weitere 40 Jahre nicht ins Gelobte Land ziehen durften, weil sie ihm einmal mehr nicht vertraut hatten.

Eine tragische Geschichte. Gefühlt tausendmal hatten die Israeliten Gottes göttliche Versorgung und seinen Schutz erlebt, und immer noch erlaubten sie ihren falschen Vorstellungen, ihr Vertrauen auf Gott zu unterminieren. Ja, sie hatten es sich anders vorgestellt.

Ich kenne das gut. Zwar bin ich nicht mein Leben lang durch die Wüste gelaufen, um ins Gelobte Land zu kommen, und bin dabei auf die Anakiter gestoßen. Aber meine Vorstellungen und Ideale klaffen auch mit der erlebten Wirklichkeit auseinander. Meine persönlichen Anakiter sind die abschweifenden Gedanken, wenn ich in der Stillen Zeit das Reden Gottes suche und nur meiner Müdigkeit begegne. Sie sind meine Hilflosigkeit als Mutter anstelle von Weisheit und Liebe. Und sie sind die Schwierigkeiten und Kämpfe, die wir tagtäglich ausfechten – ich habe mir das so ganz anders vorgestellt. Ich bin täglich herausgefordert, mich nicht von den unerreichbar hohen Idealen in meinem Leben entmutigen zu lassen, sondern mich an Gottes Ja zu mir und an seiner Gegenwart festzuhalten.

Ach, diese Ideale und Vorstellungen! Wusstest du, dass sie Götzen sein können? Ich habe das einmal in einer Predigt gehört. Das fand ich sehr befreiend und entlastend. Meine Ideale sind nicht dazu da, mir eine Messlatte vorzuhalten. Es ist nicht Gottes Wunsch an mich, dass ich meine Ideale erfülle. Nein, im Gegenteil: Ich darf sie wegschmeißen und loslassen und mich selbst freigeben!

Das ist Gottes Einladung an mich und an dich: »Gib mir deine Vorstellungen und Ideale. Ich nehme sie und mache dich frei von ihnen. Nimm stattdessen meinen Willen und meine Gebote. Meine Last ist leicht, und mein Joch ist sanft. Ich gebe dir nichts, was du nicht bewältigen kannst. Und weißt du, was das Beste ist? Ich selbst bewirke in dir, was ich will!«

» Bemüht euch darum, dass ihr eure Erlösung ganz zum Ziel bringt. Tut das mit großer Ehrfurcht vor Gott und in ernsthafter Achtsamkeit. Denn Gott selbst befähigt euch, sodass ihr den Willen dazu habt und es auch zur Ausführung bringen könnt, und das alles noch viel mehr, als ihr selbst es gedacht habt.

Philipper 2,12-13; DBU

Das ist wahre Freiheit. Und darum: Weg mit den Lügen, die uns gefangen nehmen wollen. Weg mit Idealen, die gar nicht von Gott kommen, sondern von unserer eigenen Vorstellungskraft. Weg mit allem, was uns unnötig belasten und gefangen nehmen will. Weg damit und her mit Gottes liebevollen, guten, kraftvollen Plänen!

Gottes Pläne und Gedanken sind unseren eigenen krass entgegengesetzt, und wir merken es oft nicht einmal. Diese Gegenüberstellung war für mich augenöffnend:[12]

Weltliches Denken	Reich-Gottes-Denken
Glücklich bist du, wenn du reich bist.	Glücklich sind, die erkennen, wie arm sie vor Gott sind, denn ihnen gehört sein himmlisches Reich (Matthäus 5,3; HFA).
Glücklich bist du, wenn du mit Trauer und Leid nichts zu tun hast.	Glücklich zu preisen sind die, die trauern; denn sie werden getröstet werden (Matthäus 5,4; NGÜ).
Glücklich sind die mit Durchsetzungsvermögen – sie erkämpfen sich, was sie wollen.	Glücklich sind, die auf Frieden bedacht sind, denn sie werden die ganze Erde besitzen (Matthäus 5,5; HFA).
Du kannst nur glücklich sein, wenn du deinen Willen bekommst und deine Vorstellungen sich erfüllen.	Glücklich sind, die ein reines Herz haben, denn sie werden Gott sehen (Matthäus 5,8; HFA).
Du kannst nur glücklich sein, wenn du genau das bekommst, was dein Herz begehrt.	Doch vor allem achte auf dein Herz, denn aus ihm entspringt das Leben (Sprüche 4,28; DBU).
Glückselig bist du, wenn du niemals Verfolgung erlebst! Du musst Verfolgung um jeden Preis vermeiden! Du darfst bloß keinen schlechten Ruf bekommen und auf keinen Fall falsch verstanden werden! Du verlierst alles – Freunde, Ansehen, Gunst, Lebensqualität, vielleicht sogar dein Leben –, wenn du verfolgt wirst.	Glücklich sind, die verfolgt werden, weil sie nach Gottes Willen leben; denn ihnen gehört sein himmlisches Reich. Glücklich könnt ihr euch schätzen, wenn ihr verachtet, verfolgt und verleumdet werdet, weil ihr mir nachfolgt. Ja, freut euch und jubelt, denn im Himmel werdet ihr dafür reich belohnt werden! Genauso hat man die Propheten früher auch schon verfolgt (Matthäus 5,10-12).

Weltliches Denken	Reich-Gottes-Denken
Lass dir nichts gefallen!	Begegnet euren Feinden in Liebe und betet für die, die euch verfolgen (Matthäus 5,44; DBU).
Vergleiche dich mit allen und kommentiere alles, damit du besser dastehst. Beurteile alles nach dem Äußeren.	Urteilt nicht über andere, damit Gott euch nicht verurteilt (Matthäus 7,1; HFA).
Sorg dich um dies und das, sonst bist du verantwortungslos. Halte fest, was du hast, und lass nichts mehr los. Sorgen ist normal und menschlich!	Macht euch um nichts Sorgen! Wendet euch vielmehr in jeder Lage mit Bitten und Flehen und voll Dankbarkeit an Gott und bringt eure Anliegen vor ihn (Philipper 4,6; NGÜ).
Wenn du gibst, hast du selbst zu wenig. Andere geben dir auch nichts!	Gebt, was ihr habt, dann werdet ihr so überreich beschenkt werden, dass ihr gar nicht alles aufnehmen könnt (Lukas 6,38; HFA).
Schaue zuerst, dass die Versorgung deiner Grundbedürfnisse stimmt. Wenn das abgedeckt ist und du dann noch Kapazität hast, dann kannst du das ins Reich Gottes investieren.	Es soll euch zuerst um Gottes Reich und Gottes Gerechtigkeit gehen, dann wird euch das Übrige alles dazugegeben (Matthäus 6,33; NGÜ).
Verwirkliche dich selbst. Deine Gefühle sind das Einzige, was zählt.	Will mir jemand nachfolgen, der verleugne sich selbst und nehme sein Kreuz auf sich und folge mir (Matthäus 16,24).
Du bist allein. Wenn es drauf ankommt, ist niemand bei dir. Jeder ist sich selbst der Nächste.	Ich bin jeden Tag bei euch, bis zum Ende der Welt (Matthäus 28,20; NGÜ).

Aktivierung

BLICK NACH INNEN

In welchen der Aussagen aus der linken Spalte finde ich mein eigenes Denken wieder? Gibt es noch andere Lügen, denen ich immer wieder aufsitze? Wo bin ich am meisten beeinflussbar? Warum?

SCHRITT NACH AUSSEN

Nimm die Lügen, die Gott dir gezeigt hat, und forsche in der Bibel: Was sagt Gott? Und was spricht er jetzt zu dir? Am besten nimmst du Stift und Papier und stellst Lügen und Ideale der Wahrheit Gottes gegenüber. Nachdem du das gemacht hast, sei ermutigt, die Wahrheit Gottes auszusprechen und sie anzunehmen. Triff die Entscheidung, deine eigenen Gedanken loszulassen und Gottes Wahrheit zu nehmen. Nutze auch die Tabelle dafür.

Mein Gott!
Ich bin überwältigt davon, wie du denkst! Es ist mein Herzenswunsch, so zu denken wie du! Danke, dass du genau das auch willst – und es bewirkst!
Ich übergebe dir meine Vorstellungskraft! Sie ist ein Geschenk von dir, und ich ehre dich dafür. Ja, ich liebe es, mir Dinge vorzustellen. Aber ich will mir die Dinge vorstellen, die du für mich vorbereitet hast. Ich will mir deine Gedanken, deinen Willen und deine Pläne vorstellen. Und darum übergebe ich dir meinen Willen und meine Vorstellungen. Ich lerne deine Gedanken immer besser kennen und eigne sie mir von Herzen gerne an!
Ich bekenne, dass ich folgenden Lügen geglaubt habe (hier die Lügen einsetzen, die du bei dir erkannt hast):

Ich lasse euch los – ja, ich löse mich von euch in dem kraftvollen Namen Jesu! Stattdessen nehme ich etwas viel Besseres: die Wahrheit meines himmlischen Vaters!

Anstatt der Lügen, die ich losgelassen habe, glaube ich Folgendes (hier die Wahrheiten Gottes einsetzen):

Ja, deine Wahrheit ist Schirm und Schild (Psalm 91,4)! Ich berge mich in deiner Wahrheit! Ich halte an ihr fest und quartiere mich in deinem Wort ein. Dein Wort ist mein Zuhause! Hier will ich wohnen und sein.
Ja, ich gebe dir meine Gedanken und nehme deine. Sie sind viel besser, reiner, liebevoller und großzügiger, als ich mir das jemals vorstellen kann. Ich mache einen guten Tausch.
Danke, lieber Vater! Leite mich in deiner Wahrheit und lehre mich (Psalm 25,5)!

21

Gott hat uns versöhnt

MIT DEM EIGENEN LEBEN VERSÖHNT IM HIER UND JETZT

Wo aber der Geist des Herrn ist, da ist Freiheit.

2. Korinther 3,17

Ich bin bald 50 Jahre alt und kann schon jetzt auf ein reiches Leben zurückblicken. Es gibt so viele Segensspuren in meinem Leben. Viele tiefe Freundschaften prägen und bereichern mein Leben. Ich darf Bücher schreiben. Ich bin in einer großartigen Kirchgemeinde daheim und gestalte mit. Ich darf mein Theologiestudium, das ich vor mehr als zehn Jahren unterbrochen habe, wieder aufnehmen. Und, und, und. Ich bin reich! Und gleichzeitig bin ich eine Frau, die durch verschiedene Tiefen hindurchgegangen ist. Als Kind wurde ich ausgelacht. Ich flog von der Schule. Nahm Drogen. Schaffte den Ausstieg – und stand vor dem Scherbenhaufen meiner Ausbildung. Ein Schmerz, der mich jahrzehntelang begleitete und prägte.

Von Jesus lesen wir im Johannesevangelium etwas Spannendes:

» An diesem Abend aß Jesus zusammen mit seinen Jüngern. Der Teufel hatte Judas, den Sohn von Simon Iskariot, schon zum Verrat an Jesus angestiftet. **Jesus aber wusste, dass der**

Vater ihm alles in die Hand gegeben hatte, dass er von Gott gekommen war und zu ihm zurückkehren würde. Da stand er vom Tisch auf, legte sein Obergewand ab und band sich ein Tuch aus Leinen um. Er goss Wasser in eine Schüssel und begann, seinen Jüngern die Füße zu waschen und mit dem Tuch abzutrocknen.

Johannes 13,2-5; HFA, Hervorhebung durch die Autorin

Jesus wusste, was ihm bevorstand: der schwerste Weg, den er jemals gehen würde. Und er wusste auch, welcher Mensch ihn verraten würde. Und dann lesen wir, dass Jesus wusste, dass ihm der Vater alles in die Hand gegeben hatte, dass er von Gott gekommen war und zu ihm zurückkehren würde. Und dann diente er seinen Jüngern.

Jesus war sich seiner Identität sicher. Er dient seinen Jüngern in der Gewissheit, woher er kommt und wohin er geht. Er weiß, dass er der Sohn Gottes ist, und nichts kann das ändern. In dieser Haltung beginnt er seinen Jüngern die Füße zu waschen. Frei von Angst, in dem Bewusstsein seiner Berufung.

Versöhnt zu sein, setzt frei. Mit dem, was schmerzt, versöhnt zu sein, erlaubt uns, auch unsere Bestimmung und Berufung annehmen zu können. Ja, wir haben schmerzhafte Geschichten. Wir sind zerbrochene Kinder Gottes, wir alle. Aber unser Leben ist kein unglücklicher Zufall, keine Anhäufung von Dingen, die alle eigentlich nicht sein sollten. Es ist unser Leben, und durch alles, wirklich alles, was wir erleben, dürfen wir Gott erfahren.

Henri Nouwen schreibt:

» Wie können wir von unseren verwundeten Erinnerungen geheilt werden? Zuallererst sind wir geheilt, indem wir sie zugänglich lassen; dadurch, dass wir sie aus der Ecke der

> Vergessenheit herausnehmen, und dadurch, dass wir uns an sie erinnern als Teil unserer Lebensgeschichte. Was vergessen ist, ist nicht zugänglich und was nicht zugänglich ist, kann nicht geheilt werden.[13]

Ich bin mehr als dankbar für Menschen, die die Gabe haben, zu erkennen, welche Punkte hinderlich sind, und sie auch benennen. Die Versöhnung mit meiner Geschichte begleitet mich schon lange. Gott sei Dank gibt es Wegbegleiterinnen, die dabei helfen, den Schmerz zu erkennen und zu benennen. Der Schmerz wegen meiner Ausbildung war etwas von den Dingen, der sich am hartnäckigsten hielt. Jahrzehntelang! Aber dann kam der Tag der Entscheidung. Ich schrieb in meinem Blog:

» Könnte heute der Tag sein, um diesen Schmerz ein für alle Mal loszulassen? Aber, druckste es gleich in mir herum, bin ich denn hier nicht die Arme? Das Opfer, wie meine Kinder sagen würden? Und jetzt soll ich auch noch loslassen? Aber wie ein ungebetener Gast, der nicht wieder gehen will und ruhig und standhaft bekundet, dass er gekommen ist, um zu bleiben, kam mit der Rumdruckserei die plötzliche, klare und unverrückbare Erkenntnis: Ja, heute ist der Tag! Die Zeit ist gekommen. Jetzt ist es so weit. Ich lasse diesen Minderwert, diesen Schmerz, diesen Mangel los.
Ein intensives, kurzes Gebet, verbunden mit einer Entscheidung. Nur Gott und ich.
Ich glaube, ich habe schon mehr als einmal dafür gebetet. Aber an diesem Tag war es so weit. Wenn ich Gott auch nur ein kleines bisschen hören kann, das wurde mir klar: Heute wollte er mich frei machen von diesem Schmerz. Auch er hatte genug von diesem Gejammer, vom Minderwert und

der Selbstanklage. An anderen Tagen hatte er mir geholfen, damit umzugehen und ihn auszuhalten. Hatte getröstet, mitgefühlt, meine Hand gehalten. Aber heute war der Tag gekommen für den Schmerz, sich vom Acker zu machen. Befand Gott, wie mir schien. Es ging mühelos von der Hand. All die Jahre, in denen mich der Schmerz immer wieder gesteuert hatte – wer weiss, vielleicht hatte ich sie gebraucht, um an diesen Punkt zu kommen, an dem ich so was von GENUG von ihm hatte? Ich weiss es nicht. Aber ich weiss, dass dieser Gott einfach unglaublich ist. Im Schmerz und in der Heilung. Im Aushalten – und loslassen. Irgendwie finde ich grad keine weiteren Worte dafür.
Eine Parallele kommt mir in den Sinn. Josef, der im Gefängnis saß, vergessen. Noch dazu unschuldig verurteilt! Menschlich gesehen konnte er sich auf ein langsames Dahinsiechen im Knast vorbereiten. Hoffnung gab es nicht. Doch an diesem einen Tag, da erinnerte sich der Mundschenk an ihn. Und Josef wurde nicht nur befreit, sondern zum höchsten Mann Ägyptens befördert. In einem Augenblick wendete sich das Schicksal von Josef. Ein Lichtschimmer, der alles veränderte. Kraftvoll, unaufhaltsam. Ich kann mir vorstellen, der Gefängnisaufenthalt war praktisch vergessen.
Gott hat meinen Schmerz gesehen. Über lange Jahre hinweg. Aber dann kam die Zeit zum Loslassen. Und es war mir, als hätte Gott innerhalb dieses fünf Minuten anhaltenden Gebets alles geheilt. So einfach und so schlicht.

Wie froh bin ich heute noch, diese Entscheidung und viele andere getroffen zu haben. Eine große Hilfe ist mir das Buch der Psychologin Hanne Baar *Vom Oje zum Aha! Die Anatomie der Durchbruchserfahrung*. Darin empfiehlt sie, jeden Schmerz und jede Irritation nicht wegzuschieben, sondern als Gelegenheit zu sehen, heil zu werden. Sie schreibt: »Man kann Leid nutzen oder vergeuden« (S. 9). Ja, Leid weist uns den Weg zu unseren tiefsten Schmerzpunkten. Wir können uns entscheiden, ob wir es neugierig und offen als Wegweiser zu unseren inneren Schmerzpunkten nutzen – oder ob wir so schnell wie möglich wieder zur Tagesordnung übergehen. Laut Hanne Baar braucht es ein paar solcher Überreaktionen, damit wir beginnen uns einzugestehen, dass da etwas verborgen liegen könnte.

Ich lade dich herzlich ein, aus dem Raum der Bedrückung herauszukommen und in die Freiheit Gottes einzusteigen! Nimm deinen Schmerz ernst, aber gib ihm nicht die Macht, dein Leben zu prägen! Es gibt Heilung von Gefühlen und Erfahrungen. Manche dauern länger, aber: Wenn uns der Sohn frei macht, werden wir ganz frei. Ganz und gar. Das kann ich in meinem eigenen Leben von Herzen bezeugen.

— Aktivierung

BLICK NACH INNEN

Schreibe deine Lebensgeschichte auf (ich mache das am liebsten chronologisch). Für welche Stationen deines Lebens bist du dankbar? Welchen Segen bringen sie in dein Leben? Welche Ereignisse werfen ihre Schatten auf mein Leben? Was sprechen sie? Vielleicht gibt es Dinge, die noch Gottes Vergebung benötigen? Oder die du anderen vergeben musst? Wo braucht dein Herz Heilung? Sei ermutigt, diese Dinge mit einer vertrauten Person im Gebet vor Gott zu bringen.

SCHRITT NACH AUSSEN

Versöhnt sein mit sich selbst, mit Gott und mit der eigenen Geschichte ist meistens ein Jahre dauernder Prozess, der sich lohnt. Es ist ein Weg: ein Weg in die Freiheit. Ein Weg in das Leben! Lass dich von nichts von dieser Freiheit abbringen, indem du gute Entscheidungen triffst und nicht nachlässt, dich von Gott vollkommen heilen zu lassen.

Vater, ich danke dir für mein Leben.
Ich danke dir für alles Schöne, das du mir geschenkt hast.
Und ich bringe dir jetzt all die Dinge, die mich bedrücken, mir Freude rauben wollen und mich belasten.
Ich nenne sie alle beim Namen und gebe sie dir jetzt:

Ich nehme deine Vergebung an und verzeihe selber.

Ich nehme deine Heilung an. Mein Herz, du darfst die heilende Berührung von deinem himmlischen Vater jetzt empfangen.

Ich nehme von dir, Vater.

Und ich lasse jetzt alles los, was mich bedrängen, erinnern, zurückhalten und bedrücken will. Es hat keinen Anteil mehr an mir. Kein Anrecht mehr. Ich bin frei und lebe in dieser Freiheit!

Ja, ich entscheide mich hier und heute, alles, was nicht von dir kommt, auch meine Erinnerungen und Gefühle, loszulassen. Ich gebe alles frei, was mich unfrei machen will.

Stattdessen nehme ich die Freiheit, die du mir gibst. Dein Geist ist Freiheit! Wie gut diese Freiheit schmeckt! Danke dafür!

Ich liege und schlafe ganz mit Frieden; denn allein du, Herr, hilfst mir, dass ich sicher wohne (Psalm 4,9).

Danke, Vater!

NACHWORT

VERTRAUST DU DEINEM HIMMLISCHEN VATER?

Im Grunde geht es um diese eine einzige, schlichte Frage: Vertraust du auf Gottes Zusagen? Glaubst du seinen Worten mehr als deinen Umständen, deinen Gefühlen, deiner Wahrnehmung?

Die Antwort auf diese Frage macht den Unterschied, ob Gottes Worte kraftvolle Werkzeuge sind, mit denen du lebst und die nicht von deinem Mund weichen und die du kühn aussprichst und anwendest. Oder ob du denkst: »Schöne Worte, aber für mich, für mein Leben, für diese eine Situation gelten sie nicht.«

Lebst du mit dem Wort Gottes? Ist es zu deiner Realität, zu deiner Substanz geworden? Und kannst du dich mit der Realität des Wortes Gottes eins machen?

Ist dein Gott vertrauenswürdig? Oder ist da noch ein Rest von »Gott meint es gut, aber mich vergisst er halt manchmal« in deinem Herz? Ein kleiner Zweifel, dass dein Gott es mit dir persönlich gut meint und sich um deine Belange kümmert? Dass er der Gott ist, der für dich kämpft? Dich in seine Gegenwart einlädt, dir seine Perspektive geben will, für dein Leben, für deine Umstände?

REICHT GOTTES WORT FÜR DICH AUS?

Gott lädt dich ein, mit ihm aufs Ganze zu gehen. Ihm kühn und wagemutig zu vertrauen – ja, ihn auf die Probe zu stellen! Dieser Gott, der alles gegeben hat und der für dich den Weg freigeräumt hat, damit du an seiner Auferstehungskraft teilhaben kannst – dieser Gott ist heute genauso lebendig und kraftvoll wie früher. Dieser Jesus, der am Kreuz gestorben und auferstanden ist, sitzt genau jetzt auf dem Thron an der rechten Seite des Vaters. Und gleichzeitig nimmt er Raum in deinem Herzen. Die Auferstehungskraft lebt in dir!

» Im Anfang war das Wort, und das Wort war bei Gott, und Gott war das Wort. Dasselbe war im Anfang bei Gott. Alle Dinge sind durch dasselbe gemacht, und ohne dasselbe ist nichts gemacht, was gemacht ist. In ihm war das Leben, und das Leben war das Licht der Menschen. Und das Licht scheint in der Finsternis, und die Finsternis hat's nicht ergriffen.
Johannes 1,1-5

Alles ist durch den Einen gemacht, der selbst das Wort ist. Dieser Jesus, der Gekreuzigte und Auferstandene. Er lebt in dir – und du in ihm.

Gehen wir über den Jordan? Wagen wir es? Gehen wir in dieses Übernatürliche hinein? Geben wir Kontrolle ab, lassen wir uns auf den Heiligen Geist ein? Beim Beten, im Alltag? Wagen wir es, uns zerbrechlich zu machen? Unser Gesicht zu verlieren? Sind wir dem Heiligen Geist gehorsam? Leben wir im Wagnis, gehen wir aufs Ganze, aufs Wasser? Wagen wir es, zu surfen?

Es ist immer, jeden Tag, Zeit, damit anzufangen. Wir müssen es nicht packen, wir dürfen es nehmen. Du bist eingeladen, Gottes Verheißungen zu deinen eigenen Gebeten zu machen. Wort für Wort. Schritt für Schritt. Welle für Welle. Du bist Prophet und Prophetin für dein eigenes Leben, für das deiner Lieben, für dein Umfeld und für dein Land. Mit deinen Worten bereitest du einen Weg. Sei gesegnet!

LEITFADEN FÜR SCHWIERIGKEITEN

1

Finde heraus, was du über eine Situation denkst. Glaubst du, dass sie hoffnungslos ist? Oder dass deine Reaktion die einzig mögliche ist? Hältst du es für möglich, dass Gott Veränderung schenken kann?

2

Finde heraus, was Gott darüber denkt. Eine Bibel, eine Konkordanz oder Bibel-App leisten dabei gute Dienste! Die Bibel, das niedergeschriebene Wort Gottes, ist immer meine erste Anlaufstelle. Dabei achte ich, dass ich keinen Bibelvers aus dem Zusammenhang reiße, sondern prüfe meine Fundstücke dahin gehend, ob sie mit der übergreifenden Botschaft der Bibel übereinstimmen. Meine zweite Instanz ist, dass ich Gott direkt frage. Bei besonders großen Herausforderungen fällt mir das oft schwer, und ich bitte gute Freundinnen und Freunde, für mich zu beten und zu hören.

3

Nimm demütig Gottes Wahrheit an. Unglaublich, aber wahr: Gottes Wort reicht auch für deine und meine Umstände aus! Wie oft musste ich schon um Vergebung bitten für meine Sichtweise, weil sie derjenigen Gottes so gar nicht entsprach. Ganz ehrlich: Gott hasst rein menschliches Denken – die Art von menschlichem Denken, das seine Möglichkeiten nicht in Betracht zieht. Wie Jesus auf Petrus' gut gemeinten Vorschlag, auf die Nummer mit dem Kreuz und dem Tod doch zu verzichten, reagiert, sagt alles über unsere gut gemeinten und letztlich doch nur der alten Natur entsprechenden Denkweisen (vgl. Markus 8,33).

4

Sprich Gottes Wahrheit und seine Verheißungen im Vertrauen aus: über Umständen, über deinem Herzen, über Orte und Nationen. Wenn dir die Worte fehlen, nimm die besten, die es gibt: die Worte direkt aus der Bibel.

5

Lass dich nicht entmutigen, sondern bleib dran. Das Wort Gottes zu beten und seine Verheißungen auszusprechen ist kein Trick und keine Instantlösung. Auch wenn Gott von einer Sekunde auf die andere alles verändern kann: Alles hat seine Zeit, und Gott wird antworten zu seiner Zeit. Suche dir Vertrauensgefährtinnen und -gefährten und ermutigt euch gegenseitig, auf Gottes Eingreifen zu warten.

6

Rechne mit Widerstand. Die Welt tickt anders und der Feind wird das sorgfältig gehegte und gepflegte Land der Entmutigung nicht einfach so hergeben. Entmutigung ist das Beste, was unserem Widersacher passieren kann. Darum: Flirte nicht mit Entmutigung, wie Johannes Hartl sagte.

7

Öffne deine Herzensaugen für das, was Gott tut. Vielleicht tut er es anders, als du es dir vorgestellt hast. Halte Ausschau nach Gottes Wirken und seiner Gegenwart.

ANHANG

GEBETE DER BIBEL

DAS VATERUNSER

Unser Vater im Himmel!
Dein heiliger Name soll geehrt werden.
Lass dein Reich kommen.
Dein Wille geschehe hier auf der Erde,
so wie er im Himmel geschieht.
Gib uns auch heute, was wir zum Leben brauchen,
und vergib uns unsere Schuld, wie auch wir denen
vergeben, die an uns schuldig geworden sind.
Lass uns nicht in Versuchung geraten, dir untreu zu werden,
sondern befreie uns von dem Bösen.
Denn dir gehören Herrschaft, Macht und Ehre für alle Zeiten.
Amen!
Matthäus 6,9-13; HFA

Wenn uns die Worte fehlen, dürfen wir uns an vorgegebene anlehnen. Tomas Sjödin beschreibt in seinem Buch *Wenn die Stille eine Sprache wäre*, wie Mark Rutland, sein Freund, während einer Depression Halt im Vaterunser fand: »Er stimmte in das Gebet ein, ›mechanisch‹, wie er mir erzählt. Doch einmal, als er es gerade wieder betete, war es, als würde dieses Gebet all seine Kraft zeigen.« Mark Rutland beschreibt mit seinen eigenen Worten: »Es (das Vaterunser) wurde zu meinem Leben. Ich atmete es. Ich tauchte mein armes Herz in dieses Gebet ein. Ich betete es mehrmals am Tag, manchmal viele, viele Male. Ich klammerte mich an dieses Gebet, hielt es mit eisernem Griff, wie ein Ertrinkender sich am Rettungsboot auf stürmischer See festhält.«[14]

Tomas Sjödins Fazit aus dieser Begegnung:

> » Ich denke an alle, die sagen, dass ihnen die Worte fehlen, um zu beten, an alle, die noch nie Worte hatten oder die sie verloren haben. Ich denke an alle, die aufgehört haben zu beten. Das Gebet des Herrn schließt sie alle ein. Wenn man es spricht, braucht man keine weiteren Worte. Und immer, wenn man in dieses Gebet einstimmt, kann man sicher sein, dass irgendein anderer Mensch irgendwo auf der Welt jetzt auch dieses Gebet spricht. In diesem Augenblick wird eine kaputte Welt zusammengefügt.[15]

Die Jünger fragten Jesus, wie sie beten sollten, und er lehrte sie dieses eine Gebet, das Vaterunser. Dieses Gebet ist kraftvoll und führt uns in unserer Beziehung zu Gott:

Unser Vater im Himmel! Zuerst werden die Verhältnisse geklärt: der Boden, auf dem ich stehe. Dieser Boden heißt Gotteskindschaft. Ich bin das geliebte Kind meines himmlischen Vaters. In diesem Bewusstsein lässt es sich ganz anders beten: frei, sicher, geschützt.

Dein Name soll uns heilig sein! (DBU). Im Bewusstsein unserer Gotteskindschaft – und es ist einfach liebevoll von Gott, dass er zuallererst unser Herz ruhig machen will – dürfen wir nun Gott die Ehre geben und Ihm sagen, was Er ist und wie Er ist, nämlich heilig.

Dein Reich komme. Das Reich Gottes, von Roland Werner mit »die neue Wirklichkeit Gottes« übersetzt. Das Reich Gottes ist die neue Wirklichkeit – Realität – Gottes, die alles verändert. Mit Jesus ist sie greifbar geworden, nahe gekommen. Sie ergießt sich aber nicht »einfach so« in unseren Alltag, sondern will erbetet, herbeigerufen, erfleht werden.

Dein Wille geschehe wie im Himmel so auf Erden. Auch hier wird bereits kräftig proklamiert. Genau diesen Willen Gottes sprechen wir in unsere Wirklichkeit aus. So, wie es im Himmel ist, soll es auch auf Erden sein. Genau das ist quasi das Muster oder die Vorlage für Proklamationen. Was Gottes Wille ist, soll geschehen. Und wenn er uns seinen Willen für eine bestimmte Situation offenbart, können wir das auch ganz spezifisch aussprechen.

Unser tägliches Brot gib uns heute. »Deshalb setzt euch für seine gute Herrschaft ein und ihr werdet erfahren, wie ihr mit diesen Dingen versorgt werdet« (Lukas 12,31; DBU). Genau darum geht es bei dieser Bitte um das tägliche Brot. Wir haben zuerst den Willen Gottes in Existenz gebetet. Nun denken wir an unsere eigene Versorgung, Bedürfnisse und Nöte – und die von anderen.

Und vergib uns unsere Schuld, wie auch wir vergeben unsern Schuldigern. Gott ist ein guter Psychologe. Nachdem wir unsere Bedürfnisse äußern durften, führt er uns sanft an unser eigenes Herz. Wir dürfen wach sein unseren Schmerzen, Verfehlungen und unserer Schuld gegenüber und sie an den Ort bringen, den Gott eigens dafür geschaffen hat: ans Kreuz.

Und führe uns nicht in Versuchung, sondern erlöse uns von dem Bösen. Gottes Wille für uns ist unsere Freiheit. Gott will uns von allem befreien, was uns binden oder berauben will. Wie gut!

Denn dein ist das Reich und die Kraft und die Herrlichkeit in Ewigkeit. Amen. Nach dem gesamten Programm sprechen wir fröhlich in die sichtbare und so auch in die unsichtbare Welt hinein, wem die Ehre, die Kraft und die Vollmacht gehören: unserem Gott. Wir bauen diese Wahrheit in unseren Herzen, wie eine feste Burg, in der wir Schutz finden in Zeiten der Not.

DAS JABEZ-GEBET – GEBET UM WOHLERGEHEN, REICHTUM UND SCHUTZ

»Bitte segne mich doch und erweitere mein Gebiet!
Steh mir bei mit deiner Kraft und bewahre mich vor Unglück!
Kein Leid möge mich treffen!«
1. Chronik 4,10

Ist das nicht etwas dreist von diesem Jabez? Wieso soll Gott Jabez' Gebiet erweitern und so seinen Reichtum vermehren? Sollte Jabez nicht lieber lernen, dankbar für das zu sein, was er hat? Oder zumindest etwas bescheidener werden?

Aber wir lesen im nächsten Satz: »Und Gott erhörte sein Gebet.«

Immer wieder merke ich, wie ich eigene Vorstellungen davon habe, wie Gott ist oder sein sollte. In meinem gut schweizerischen Wertesystem ist Bescheidenheit wichtig. Und Bescheidenheit heißt: Man will sich nicht vordrängen, nicht zu viel nehmen oder gar hamstern, nicht anspruchsvoll oder laut sein. Das macht sich überhaupt nicht gut!

Gott scheint sich nicht um die vorgefassten Meinungen der Schweizerinnen und Schweizer zu kümmern. Wir sollen von Gott fordern: »Bittet, und es wird euch gegeben werden; sucht, und ihr werdet finden; klopft an, und es wird euch geöffnet werden!« (Matthäus 7,7).

Wir dürfen – ja sollen – für unsere Bedürfnisse einstehen, um Hilfe und Erfüllung bitten, ja, fordern und verlangen – und dabei unsere Vorstellungen davon, was gut oder nett ist, getrost beiseiteschieben. Gott hat andere Vorstellungen von Gut. Ihm gefällt es, wenn wir entschlossen bitten. Vor dem obigen Vers übers Bitten vergleicht Jesus das Beten mit einem Freund, der um Mitternacht vorbeikommt und um Brot bittet: »Wenn er schon nicht aufsteht und ihm etwas gibt, weil er sein Freund ist, so wird er doch wegen seines unverschämten Drängens aufstehen und ihm geben, so viel er bedarf.«

Und auch der unbarmherzige Richter, von dem Jesus in einer Beispielgeschichte erzählt, erfüllt den Wunsch einer Witwe nur aufgrund ihres Drängens: »Wenn ich auch keinen Respekt vor Gott habe und mich auch nicht um die Meinung der Leute schere, will ich jetzt doch, weil diese Witwe mich so belästigt, ihr zu ihrem Recht verhelfen. Denn sonst kommt sie am Ende noch und springt mir ins Gesicht!« (Lukas 18,4-5; DBU). Da ist wenig von der Art Bescheidenheit zu spüren, die wir in unserer Kulturprägung so gern mit Liebe und Barmherzigkeit verwechseln. Der Richter kommt der Witwe aus rein praktischen Gründen entgegen. Er gibt sich geschlagen, weil sie ihn so sehr belästigt. Schon interessant, welche Beispiele Jesus verwendet.

Es reicht dem menschlichen Herz nicht, auf die freigiebige Liebe Gottes zu vertrauen. Es muss oft auf unterschiedliche Arten eingehämmert bekommen, dass Gott gibt, worum wir ihn bitten! Mit den Bildern der Witwe und des Richters, des Freunds, der die Nachtruhe stört, und des unbescheidenen Jabez dürfen wir uns einladen lassen, dieses Vertrauen in Gott ganz praktisch anzuwenden!

APOSTOLISCHE GEBETE FÜR UNSERE GESCHWISTER IM GLAUBEN

Beten für das Laufen im Glauben

Ich danke meinem Gott immer, wenn ich mich an euch, ..., erinnere. Jederzeit bete ich voller Freude in all meinen Gebeten für euch alle. Ich bin davon überzeugt: Gott, der in euch mit seiner guten Arbeit angefangen hat, wird sie auch zu einem guten Abschluss bringen.

Ich bete darum, dass eure Liebe, ..., immer mehr und mehr überströmt, sodass ihr voller Erkenntnis und großer Einfühlungskraft seid. Dann könnt ihr euch in allen offenen Fragen ein klares Urteil bilden und so vorbildlich und untadelig leben in der Erwartung des großen Tages des Messias. So wird sich bei euch die Frucht eines solchen Lebens voller Gerechtigkeit ganz entfalten. Sie entsteht letztlich durch Jesus, den Messias, zur Ehre und Verherrlichung Gottes.

Amen.

Nach Philipper 1,3-11

Gebet für Herzenserkenntnis von Gottes Kraft

Ich bete, dass Gott euch .... (hier kannst du konkrete Namen einfügen oder du betest es allgemein) die Augen des Herzens öffnet, damit ihr erkennt, was für eine Hoffnung Gott euch gegeben hat, als er euch berief, was für ein reiches und wunderbares Erbe er für die bereithält, die zu seinem heiligen Volk gehören, und mit was für einer überwältigend großen Kraft er unter uns, den Glaubenden, am Werk ist.

Es ist dieselbe gewaltige Stärke, mit der er am Werk war, als er Christus von den Toten auferweckte und ihm in der himmlischen Welt den Ehrenplatz an seiner rechten Seite gab.

Mit ihr hat Gott ihn zum Herrscher eingesetzt über alle Mächte und Gewalten, über alle Kräfte und Herrschaften, ja, über alles, was Rang und Namen hat in dieser und in der zukünftigen Welt. Alles hat Gott ihm zu Füßen gelegt und ihn, den höchsten Herrn, zum Haupt seiner Gemeinde gemacht.
Amen.

Nach Epheser 1,17-21

Unsere Position in Christus durch Gebet stärken und die Gemeinde mit Kraft segnen
Aber Gott, der überreich ist in seinem Erbarmen, hat uns ganz eng mit dem Messias Jesus verbunden. Das tat er durch seine große Liebe, mit der er uns beschenkt hat. Das hat er getan, als wir noch tot waren durch unsere gottwidrigen Taten, und hat uns zusammen mit dem Messias wieder zum Leben erweckt. Ja, durch seine unverdiente Gnade seid ihr gerettet! Gott hat uns zusammen mit ihm, mit Jesus, zum Leben auferweckt und uns zusammen mit ihm in den Himmelswelten auf den Ehrenplatz gesetzt. Diese Wirklichkeit erleben wir in der Verbindung mit dem Messias, mit Jesus.
Auf diese Weise soll in den noch kommenden Zeitaltern der alles übersteigende Reichtum seiner unverdienten Gnade deutlich werden, in der Güte, die Gott uns im Messias Jesus geschenkt hat. Denn genau diese Gnade hat euch durch euer Vertrauen auf Gott gerettet. Und das habt ihr euch nicht etwa selbst erarbeitet! Nein, es ist ein Geschenk, das Gott euch macht.
Amen.

Nach Epheser 2,4-8

DAS APOSTOLISCHE GLAUBENSBEKENNTNIS

Es ist wie eine Portion gesunder Vitamine, wahres Superfood, wenn wir unseren Glauben laut bekräftigen. Unsere Seele muss und darf diese Wahrheiten immer wieder hören, denn sie sättigen und stärken. In unserer Kirchgemeinde singen wir ab und zu ein Lied mit Worten, die aus dem unten stehenden Glaubensbekenntnis abgeleitet sind. Dieses Lied hat eine besondere Kraft, und ich kann es nicht gedankenlos singen, sondern bekräftige jede Zeile während des Singens.

Die Worte sind die Essenz dessen, was wir glauben. Sei ermutigt, dieses Gebet immer mal wieder auszusprechen und damit in den Raum des Vertrauens zu einem starken, allmächtigen Gott einzutreten!

Ich glaube an Gott, den Vater,
den Allmächtigen,
den Schöpfer des Himmels und der Erde.
Und an Jesus Christus,
seinen eingeborenen Sohn, unsern Herrn,
empfangen durch den Heiligen Geist,
geboren von der Jungfrau Maria,
gelitten unter Pontius Pilatus,
gekreuzigt, gestorben und begraben,
hinabgestiegen in das Reich des Todes,
am dritten Tage auferstanden von den Toten,
aufgefahren in den Himmel;
er sitzt zur Rechten Gottes,
des allmächtigen Vaters;
von dort wird er kommen,
zu richten die Lebenden und die Toten.

Ich glaube an den Heiligen Geist,
die heilige christliche Kirche,
Gemeinschaft der Heiligen,
Vergebung der Sünden,
Auferstehung der Toten und das ewige Leben.
Amen.

ANMERKUNGEN

1 Lucado, Max: Du bist der Anker meiner Seele. Gottes Verheißungen für die Stürme des Lebens, Asslar, Gerth Medien 2020, S. 24.
2 Inspiriert von: Backlund, Steve: Declarations. Unlocking Your Future, Igniting Hope Ministries 2013, S. 1.
3 Ebd., S. 2.
4 »Was aus dem Mund eines Menschen hervorkommt, zeigt, wovon er im Innersten geprägt ist« (Lukas 6,45; DBU).
5 Mölle, Elke: Erfüllt. Entdecke das Leben, für das du gemacht bist, Holzgerlingen: SCM R.Brockhaus 2021, S. 102.
6 Ebd., S. 106.
7 Counting Blessings Versus Burdens. An Experimental Investigation of Gratitude and Subjective Well-Being in Daily Life, APA 2003, Journal of Personality and Social Psychology, 2003, Vol. 84, No. 2, S. 377-389.
8 Vgl. Strong's Concordance, https://bibel.github.io/strong/index.html.
9 Schöffler, Christina: Slow Living. Aus der Ruhe leben, Asslar: Gerth Medien 2022, S. 30.
10 Bobert, Sabine: Mystik und Coaching mit MTP – Mental Turning Point, Kiel: Vier-Türme-Verlag 2011, S. 67.
11 Lewis, C. S.: Über den Schmerz, Gießen: Brunnen 1995, S. 23.
12 Inspiriert von Monika Flach.
13 Nouwen, Henri J. M.: You Are Beloved, New York: Convergent 2017, S. 113 (eigene Übersetzung).
14 Sjödin, Tomas: Wenn Stille eine Sprache wäre. Wie wir die Verbindung mit unserem Schöpfer wiederfinden, Holzgerlingen: SCM R.Brockhaus 2022, S. 196.
15 Ebd., S. 197.

Platz für Notizen

Ulrich Wendel (Hrsg.),
Daniela Bernhardt-Lohfink (Hrsg.)

Neues Leben. Die Bibel zum Beten

In dieser Neues-Leben-Bibel sind alle Gebete im Bibeltext farbig gedruckt – und das sind weit mehr als die 150 Psalmen! Für jeden Tag des Jahres ist ein Gebet der Bibel ausgesucht: eine Einübung zum Beten mit Worten der Heiligen Schrift. Plus Mehrwert-Texte, Praxistipps etc.

Gebunden, 14 × 21 cm, 1600 S.,
mit 16 Seiten Kartenmaterial
Nr. 227.002.029, ISBN: 978-3-417-02029-8

Christiane Hammer

Ganzheitlich Gebet
Beziehung mit Gott als Lebensstil

Es gibt einen Ort der absoluten Ruhe und tiefer Leidenschaft. Einen Ort, wo das echte, schöne, ewige Leben zwischen Gott und dir ungehindert fließen kann. Lass dich inspirieren, eine Kultur des persönlichen, inneren Gebets zu kultivieren – abwechslungsreich, ganzheitlich, voller Freude.

Klappenbroschur, 13,5 × 21,5 cm, 224 S.,
2-farbige Innengestaltung
Nr. 227.000.061 | ISBN: 978-3-417-00061-0

SCM
R.Brockhaus

Daniel Harter
WACHSENDE
Anbetung
Die Gemeinde
in tiefen Lobpreis führen